党的十八大以来智慧法院建设司法文件汇编

最高人民法院办公厅　编

人民法院出版社

图书在版编目（CIP）数据

党的十八大以来智慧法院建设司法文件汇编 / 最高人民法院办公厅编. -- 北京 : 人民法院出版社, 2023.2
ISBN 978-7-5109-3741-5

Ⅰ. ①党… Ⅱ. ①最… Ⅲ. ①法院－信息化建设－文件－汇编－中国 Ⅳ. ①D926.22-39

中国国家版本馆CIP数据核字(2023)第025349号

党的十八大以来智慧法院建设司法文件汇编
最高人民法院办公厅　编

责任编辑　王　畅
执行编辑　马海莹
出版发行　人民法院出版社
地　　址　北京市东城区东交民巷27号（100745）
电　　话　（010）67550586（责任编辑）　67550558（发行部查询）
65223677（读者服务部）
客服QQ　2092078039
网　　址　http://www.courtbook.com.cn
E-mail　courtpress@sohu.com
印　　刷　三河市国英印务有限公司
经　　销　新华书店

开　　本　787毫米×1092毫米　1/16
字　　数　210千字
印　　张　16.5
版　　次　2023年2月第1版　2023年2月第1次印刷
书　　号　ISBN 978-7-5109-3741-5
定　　价　68.00元

编者按：

党的十八大以来，最高人民法院坚持以习近平新时代中国特色社会主义思想为指导，深入贯彻习近平法治思想，紧紧抓住网络强国、数字中国建设重大机遇，推动科技创新成果同司法工作深度融合，强化顶层设计，加强统筹谋划，出台一系列司法解释和规范性文件，指导全国法院建成覆盖全国四级法院，涵盖智慧服务、智慧审判、智慧执行、智慧管理的智慧法院，实现全业务网上办理、全流程依法公开、全方位智能服务。智慧法院创新成果在国家“十三五”科技创新成就展全方位展示，加强智慧法院建设写入国家“十四五”规划纲要。10年来，智慧法院建设推动了审判体系、司法模式和诉讼程序的重塑，让司法工作在数字时代实现质量变革、效率变革、动力变革。特别是随着人民法院在线诉讼、在线调解、在线运行三大规则和区块链、人工智能司法应用意见的出台，中国特色互联网司法从技术领先迈向规则引领。现将关于智慧法院建设的司法解释和部分规范性文件汇编成册。

目录 CONTENTS

司法解释

部分规范性文件

附录：2013—2022 年智慧法院建设大事记

最高人民法院
关于人民法院在互联网公布裁判文书的规定

法释〔2016〕19号

（2016年7月25日最高人民法院审判委员会第1689次会议通过 2016年8月29日最高人民法院公告公布 自2016年10月1日起施行）

为贯彻落实审判公开原则，规范人民法院在互联网公布裁判文书工作，促进司法公正，提升司法公信力，根据《中华人民共和国刑事诉讼法》《中华人民共和国民事诉讼法》《中华人民共和国行政诉讼法》等相关规定，结合人民法院工作实际，制定本规定。

第一条 人民法院在互联网公布裁判文书，应当依法、全面、及时、规范。

第二条 中国裁判文书网是全国法院公布裁判文书的统一平台。各级人民法院在本院政务网站及司法公开平台设置中国裁判文书网的链接。

第三条 人民法院作出的下列裁判文书应当在互联网公布：

（一）刑事、民事、行政判决书；

（二）刑事、民事、行政、执行裁定书；

（三）支付令；

（四）刑事、民事、行政、执行驳回申诉通知书；

（五）国家赔偿决定书；

（六）强制医疗决定书或者驳回强制医疗申请的决定书；

（七）刑罚执行与变更决定书；

（八）对妨害诉讼行为、执行行为作出的拘留、罚款决定书，提前解除拘留决定书，因对不服拘留、罚款等制裁决定申请复议而作出的复议决定书；

（九）行政调解书、民事公益诉讼调解书；

（十）其他有中止、终结诉讼程序作用或者对当事人实体权益有影响、对当事人程序权益有重大影响的裁判文书。

第四条 人民法院作出的裁判文书有下列情形之一的，不在互联网公布：

（一）涉及国家秘密的；

（二）未成年人犯罪的；

（三）以调解方式结案或者确认人民调解协议效力的，但为保护国家利益、社会公共利益、他人合法权益确有必要公开的除外；

（四）离婚诉讼或者涉及未成年子女抚养、监护的；

（五）人民法院认为不宜在互联网公布的其他情形。

第五条 人民法院应当在受理案件通知书、应诉通知书中告知当事人在互联网公布裁判文书的范围，并通过政务网站、电子触摸屏、诉讼指南等多种方式，向公众告知人民法院在互联网公布裁判文书的相关规定。

第六条 不在互联网公布的裁判文书，应当公布案号、审理法院、裁判日期及不公开理由，但公布上述信息可能泄露国家秘密的除外。

第七条 发生法律效力的裁判文书，应当在裁判文书生效之日起七个工作日内在互联网公布。依法提起抗诉或者上诉的一审判决书、裁定书，应当在二审裁判生效后七个工作日内在互联网公布。

第八条　人民法院在互联网公布裁判文书时，应当对下列人员的姓名进行隐名处理：

（一）婚姻家庭、继承纠纷案件中的当事人及其法定代理人；

（二）刑事案件被害人及其法定代理人、附带民事诉讼原告人及其法定代理人、证人、鉴定人；

（三）未成年人及其法定代理人。

第九条　根据本规定第八条进行隐名处理时，应当按以下情形处理：

（一）保留姓氏，名字以“某”替代；

（二）对于少数民族姓名，保留第一个字，其余内容以“某”替代；

（三）对于外国人、无国籍人姓名的中文译文，保留第一个字，其余内容以“某”替代；对于外国人、无国籍人的英文姓名，保留第一个英文字母，删除其他内容。

对不同姓名隐名处理后发生重复的，通过在姓名后增加阿拉伯数字进行区分。

第十条　人民法院在互联网公布裁判文书时，应当删除下列信息：

（一）自然人的家庭住址、通讯方式、身份证号码、银行账号、健康状况、车牌号码、动产或不动产权属证书编号等个人信息；

（二）法人以及其他组织的银行账号、车牌号码、动产或不动产权属证书编号等信息；

（三）涉及商业秘密的信息；

（四）家事、人格权益等纠纷中涉及个人隐私的信息；

（五）涉及技术侦查措施的信息；

（六）人民法院认为不宜公开的其他信息。

按照本条第一款删除信息影响对裁判文书正确理解的，用符号“×”作部分替代。

第十一条 人民法院在互联网公布裁判文书，应当保留当事人、法定代理人、委托代理人、辩护人的下列信息：

（一）除根据本规定第八条进行隐名处理的以外，当事人及其法定代理人是自然人的，保留姓名、出生日期、性别、住所地所属县、区；当事人及其法定代理人是法人或其他组织的，保留名称、住所地、组织机构代码，以及法定代表人或主要负责人的姓名、职务；

（二）委托代理人、辩护人是律师或者基层法律服务工作者的，保留姓名、执业证号和律师事务所、基层法律服务机构名称；委托代理人、辩护人是其他人员的，保留姓名、出生日期、性别、住所地所属县、区，以及与当事人的关系。

第十二条 办案法官认为裁判文书具有本规定第四条第五项不宜在互联网公布情形的，应当提出书面意见及理由，由部门负责人审查后报主管副院长审定。

第十三条 最高人民法院监督指导全国法院在互联网公布裁判文书的工作。高级、中级人民法院监督指导辖区法院在互联网公布裁判文书的工作。

各级人民法院审判管理办公室或者承担审判管理职能的其他机构负责本院在互联网公布裁判文书的管理工作，履行以下职责：

（一）组织、指导在互联网公布裁判文书；

（二）监督、考核在互联网公布裁判文书的工作；

（三）协调处理社会公众对裁判文书公开的投诉和意见；

（四）协调技术部门做好技术支持和保障；

（五）其他相关管理工作。

第十四条 各级人民法院应当依托信息技术将裁判文书公开纳入审判流程管理，减轻裁判文书公开的工作量，实现裁判文书及时、全面、便捷公布。

第十五条 在互联网公布的裁判文书，除依照本规定要求进行技术处理的以外，应当与裁判文书的原本一致。

人民法院对裁判文书中的笔误进行补正的，应当及时在互联网公布补正笔误的裁定书。

办案法官对在互联网公布的裁判文书与裁判文书原本的一致性，以及技术处理的规范性负责。

第十六条 在互联网公布的裁判文书与裁判文书原本不一致或者技术处理不当的，应当及时撤回并在纠正后重新公布。

在互联网公布的裁判文书，经审查存在本规定第四条列明情形的，应当及时撤回，并按照本规定第六条处理。

第十七条 人民法院信息技术服务中心负责中国裁判文书网的运行维护和升级完善，为社会各界合法利用在该网站公开的裁判文书提供便利。

中国裁判文书网根据案件适用不同审判程序的案号，实现裁判文书的相互关联。

第十八条 本规定自2016年10月1日起施行。最高人民法院以前发布的司法解释和规范性文件与本规定不一致的，以本规定为准。

人民法院在线诉讼规则

法释〔2021〕12号

（2021年5月18日最高人民法院审判委员会第1838次会议通过 2021年6月16日最高人民法院公告公布 自2021年8月1日起施行）

为推进和规范在线诉讼活动，完善在线诉讼规则，依法保障当事人及其他诉讼参与人等诉讼主体的合法权利，确保公正高效审理案件，根据《中华人民共和国刑事诉讼法》《中华人民共和国民事诉讼法》《中华人民共和国行政诉讼法》等相关法律规定，结合人民法院工作实际，制定本规则。

第一条 人民法院、当事人及其他诉讼参与人等可以依托电子诉讼平台（以下简称“诉讼平台”），通过互联网或者专用网络在线完成立案、调解、证据交换、询问、庭审、送达等全部或者部分诉讼环节。

在线诉讼活动与线下诉讼活动具有同等法律效力。

第二条 人民法院开展在线诉讼应当遵循以下原则：

（一）公正高效原则。严格依法开展在线诉讼活动，完善审判流程，健全工作机制，加强技术保障，提高司法效率，保障司法公正。

（二）合法自愿原则。尊重和保障当事人及其他诉讼参与人对诉讼方式的选择权，未经当事人及其他诉讼参与人同意，人民法院不得强制或者变相强制适用在线诉讼。

（三）权利保障原则。充分保障当事人各项诉讼权利，强化提示、说明、告知义务，不得随意减少诉讼环节和减损当事人诉讼权益。

（四）便民利民原则。优化在线诉讼服务，完善诉讼平台功能，加强信息技术应用，降低当事人诉讼成本，提升纠纷解决效率。统筹兼顾不同群体司法需求，对未成年人、老年人、残障人士等特殊群体加强诉讼引导，提供相应司法便利。

（五）安全可靠原则。依法维护国家安全，保护国家秘密、商业秘密、个人隐私和个人信息，有效保障在线诉讼数据信息安全。规范技术应用，确保技术中立和平台中立。

第三条 人民法院综合考虑案件情况、当事人意愿和技术条件等因素，可以对以下案件适用在线诉讼：

（一）民事、行政诉讼案件；

（二）刑事速裁程序案件，减刑、假释案件，以及因其他特殊原因不宜线下审理的刑事案件；

（三）民事特别程序、督促程序、破产程序和非诉执行审查案件；

（四）民事、行政执行案件和刑事附带民事诉讼执行案件；

（五）其他适宜采取在线方式审理的案件。

第四条 人民法院开展在线诉讼，应当征得当事人同意，并告知适用在线诉讼的具体环节、主要形式、权利义务、法律后果和操作方法等。

人民法院应当根据当事人对在线诉讼的相应意思表示，作出以下处理：

（一）当事人主动选择适用在线诉讼的，人民法院可以不再另行征得其同意，相应诉讼环节可以直接在线进行；

（二）各方当事人均同意适用在线诉讼的，相应诉讼环节可以在线进行；

（三）部分当事人同意适用在线诉讼，部分当事人不同意的，相应诉讼环节可以采取同意方当事人线上、不同意方当事人线下的方式进行；

（四）当事人仅主动选择或者同意对部分诉讼环节适用在线诉讼的，人民法院不得推定其对其他诉讼环节均同意适用在线诉讼。

对人民检察院参与的案件适用在线诉讼的，应当征得人民检察院同意。

第五条 在诉讼过程中，如存在当事人欠缺在线诉讼能力、不具备在线诉讼条件或者相应诉讼环节不宜在线办理等情形之一的，人民法院应当将相应诉讼环节转为线下进行。

当事人已同意对相应诉讼环节适用在线诉讼，但诉讼过程中又反悔的，应当在开展相应诉讼活动前的合理期限内提出。经审查，人民法院认为不存在故意拖延诉讼等不当情形的，相应诉讼环节可以转为线下进行。

在调解、证据交换、询问、听证、庭审等诉讼环节中，一方当事人要求其他当事人及诉讼参与人在线下参与诉讼的，应当提出具体理由。经审查，人民法院认为案件存在案情疑难复杂、需证人现场作证、有必要线下举证质证、陈述辩论等情形之一的，相应诉讼环节可以转为线下进行。

第六条 当事人已同意适用在线诉讼，但无正当理由不参与在线诉讼活动或者不作出相应诉讼行为，也未在合理期限内申请提出转为线下进行的，应当依照法律和司法解释的相关规定承担相应法律后果。

第七条 参与在线诉讼的诉讼主体应当先行在诉讼平台完成实名注册。人民法院应当通过证件证照在线比对、身份认证平台认证等方式，核实诉讼主体的实名手机号码、居民身份证件号码、护照号码、统一社会信用代码等信息，确认诉讼主体身份真实性。诉讼主体在线完成身份认证后，取得登录诉讼平台的专用账号。

参与在线诉讼的诉讼主体应当妥善保管诉讼平台专用账号和密码。除有证据证明存在账号被盗用或者系统错误的情形外，使用专用账号登录诉讼平台所作出的行为，视为被认证人本人行为。

人民法院在线开展调解、证据交换、庭审等诉讼活动，应当再次验证诉讼主体的身份；确有必要的，应当在线下进一步核实身份。

第八条 人民法院、特邀调解组织、特邀调解员可以通过诉讼平台、人民法院调解平台等开展在线调解活动。在线调解应当按照法律和司法解释相关规定进行，依法保护国家秘密、商业秘密、个人隐私和其他不宜公开的信息。

第九条 当事人采取在线方式提交起诉材料的，人民法院应当在收到材料后的法定期限内，在线作出以下处理：

（一）符合起诉条件的，登记立案并送达案件受理通知书、交纳诉讼费用通知书、举证通知书等诉讼文书；

（二）提交材料不符合要求的，及时通知其补正，并一次性告知补正内容和期限，案件受理时间自收到补正材料后次日重新起算；

（三）不符合起诉条件或者起诉材料经补正仍不符合要求，原告坚持起诉的，依法裁定不予受理或者不予立案；

当事人已在线提交符合要求的起诉状等材料的，人民法院不得要求当事人再提供纸质件。

上诉、申请再审、特别程序、执行等案件的在线受理规则，参照本条第一款、第二款规定办理。

第十条 案件适用在线诉讼的，人民法院应当通知被告、被上诉人或者其他诉讼参与人，询问其是否同意以在线方式参与诉讼。被通知人同意采用在线方式的，应当在收到通知的三日内通过诉讼平台验证身份、关联案件，并在后续诉讼活动中通过诉讼平台了解案件信息、接收和提交诉讼材料，以及实施其他诉讼行为。

被通知人未明确表示同意采用在线方式，且未在人民法院指定期限内注册登录诉讼平台的，针对被通知人的相关诉讼活动在线下进行。

第十一条 当事人可以在诉讼平台直接填写录入起诉状、答辩状、反诉状、代理意见等诉讼文书材料。

当事人可以通过扫描、翻拍、转录等方式，将线下的诉讼文书材料或者证据材料作电子化处理后上传至诉讼平台。诉讼材料为电子数据，且诉讼平台与存储该电子数据的平台已实现对接的，当事人可以将电子数据直接提交至诉讼平台。

当事人提交电子化材料确有困难的，人民法院可以辅助当事人将线下材料作电子化处理后导入诉讼平台。

第十二条 当事人提交的电子化材料，经人民法院审核通过后，可以直接在诉讼中使用。诉讼中存在下列情形之一的，人民法院应当要求当事人提供原件、原物：

（一）对方当事人认为电子化材料与原件、原物不一致，并提出合理理由和依据的；

（二）电子化材料呈现不完整、内容不清晰、格式不规范的；

（三）人民法院卷宗、档案管理相关规定要求提供原件、原物的；

（四）人民法院认为有必要提交原件、原物的。

第十三条 当事人提交的电子化材料，符合下列情形之一的，人民法院可以认定符合原件、原物形式要求：

（一）对方当事人对电子化材料与原件、原物的一致性未提出异议的；

（二）电子化材料形成过程已经过公证机构公证的；

（三）电子化材料已在之前诉讼中提交并经人民法院确认的；

（四）电子化材料已通过在线或者线下方式与原件、原物比对一致的；

（五）有其他证据证明电子化材料与原件、原物一致的。

第十四条 人民法院根据当事人选择和案件情况，可以组织当事人开展在线证据交换，通过同步或者非同步方式在线举证、质证。

各方当事人选择同步在线交换证据的，应当在人民法院指定的时间登录诉讼平台，通过在线视频或者其他方式，对已经导入诉讼平台的证据材料或者线下送达的证据材料副本，集中发表质证意见。

各方当事人选择非同步在线交换证据的，应当在人民法院确定的合理期限内，分别登录诉讼平台，查看已经导入诉讼平台的证据材料，并发表质证意见。

各方当事人均同意在线证据交换，但对具体方式无法达成一致意见的，适用同步在线证据交换。

第十五条 当事人作为证据提交的电子化材料和电子数据，人民法院应当按照法律和司法解释的相关规定，经当事人举证质证后，依法认定其真实性、合法性和关联性。未经人民法院查证属实的证据，不得作为认定案件事实的根据。

第十六条 当事人作为证据提交的电子数据系通过区块链技术存储，并经技术核验一致的，人民法院可以认定该电子数据上链后未经篡改，但有相反证据足以推翻的除外。

第十七条 当事人对区块链技术存储的电子数据上链后的真实性提出异议，并有合理理由的，人民法院应当结合下列因素作出判断：

（一）存证平台是否符合国家有关部门关于提供区块链存证服务的相关规定；

（二）当事人与存证平台是否存在利害关系，并利用技术手段不当干预取证、存证过程；

（三）存证平台的信息系统是否符合清洁性、安全性、可靠性、可用性的国家标准或者行业标准；

（四）存证技术和过程是否符合相关国家标准或者行业标准中关于系统环境、技术安全、加密方式、数据传输、信息验证等方面的要求。

第十八条 当事人提出电子数据上链存储前已不具备真实性，并提供证据证明或者说明理由的，人民法院应当予以审查。

人民法院根据案件情况，可以要求提交区块链技术存储电子数据的一方当事人，提供证据证明上链存储前数据的真实性，并结合上链存储前数据的具体来源、生成机制、存储过程、公证机构公证、第三方见证、关联印证数据等情况作出综合判断。当事人不能提供证据证明或者作出合理说明，该电子数据也无法与其他证据相互印证的，人民法院不予确认其真实性。

第十九条 当事人可以申请具有专门知识的人就区块链技术存储电子数据相关技术问题提出意见。人民法院可以根据当事人申请或者依职权，委托鉴定区块链技术存储电子数据的真实性，或者调取其他相关证据进行核对。

第二十条 经各方当事人同意，人民法院可以指定当事人在一定期限内，分别登录诉讼平台，以非同步的方式开展调解、证据交换、调查询问、庭审等诉讼活动。

适用小额诉讼程序或者民事、行政简易程序审理的案件，同时符合下列情形的，人民法院和当事人可以在指定期限内，按照庭审程序环节分别录制参与庭审视频并上传至诉讼平台，非同步完成庭审活动：

（一）各方当事人同时在线参与庭审确有困难；

（二）一方当事人提出书面申请，各方当事人均表示同意；

（三）案件经过在线证据交换或者调查询问，各方当事人对案件主要事实和证据不存在争议。

第二十一条 人民法院开庭审理的案件，应当根据当事人意愿、案件情况、社会影响、技术条件等因素，决定是否采取视频方式在线庭审，但具有下列情形之一的，不得适用在线庭审：

（一）各方当事人均明确表示不同意，或者一方当事人表示不同意且有正当理由的；

（二）各方当事人均不具备参与在线庭审的技术条件和能力的；

（三）需要通过庭审现场查明身份、核对原件、查验实物的；

（四）案件疑难复杂、证据繁多，适用在线庭审不利于查明事实和适用法律的；

（五）案件涉及国家安全、国家秘密的；

（六）案件具有重大社会影响，受到广泛关注的；

（七）人民法院认为存在其他不宜适用在线庭审情形的。

采取在线庭审方式审理的案件，审理过程中发现存在上述情形之一的，人民法院应当及时转为线下庭审。已完成的在线庭审活动具有法律效力。

在线询问的适用范围和条件参照在线庭审的相关规则。

第二十二条 适用在线庭审的案件，应当按照法律和司法解释的相关规定开展庭前准备、法庭调查、法庭辩论等庭审活动，保障当事人申请回避、举证、质证、陈述、辩论等诉讼权利。

第二十三条 需要公告送达的案件，人民法院可以在公告中明确线上或者线下参与庭审的具体方式，告知当事人选择在线庭审的权利。被公告方当事人未在开庭前向人民法院表示同意在线庭审的，被公告方当事人适用线下庭审。其他同意适用在线庭审的当事人，可以在线参与庭审。

第二十四条 在线开展庭审活动，人民法院应当设置环境要素齐全的在线法庭。在线法庭应当保持国徽在显著位置，审判人员及席位名称等在视频画面合理区域。因存在特殊情形，确需在在线法庭之外的其他场所组织在线庭审的，应当报请本院院长同意。

出庭人员参加在线庭审，应当选择安静、无干扰、光线适宜、网络信号良好、相对封闭的场所，不得在可能影响庭审音频视频效果或者有损庭审严肃性的场所参加庭审。必要时，人民法院可以要求出庭人员到指定场所参加在线庭审。

第二十五条 出庭人员参加在线庭审应当尊重司法礼仪，遵守法庭纪律。人民法院根据在线庭审的特点，适用《中华人民共和国人民法院法庭规则》相关规定。

除确属网络故障、设备损坏、电力中断或者不可抗力等原因外，当事人无正当理由不参加在线庭审，视为“拒不到庭”；在庭审中擅自退出，经提示、警告后仍不改正的，视为“中途退庭”，分别按照相关法律和司法解释的规定处理。

第二十六条 证人通过在线方式出庭的，人民法院应当通过指定在线出庭场所、设置在线作证室等方式，保证其不旁听案件审理和不受他人干扰。当事人对证人在线出庭提出异议且有合理理由的，或者人民法院认为确有必要的，应当要求证人线下出庭作证。

鉴定人、勘验人、具有专门知识的人在线出庭的，参照前款规定执行。

第二十七条 适用在线庭审的案件，应当按照法律和司法解释的相关规定公开庭审活动。

对涉及国家安全、国家秘密、个人隐私的案件，庭审过程不得在互联网上公开。对涉及未成年人、商业秘密、离婚等民事案件，当事人申请不公开审理的，在线庭审过程可以不在互联网上公开。

未经人民法院同意，任何人不得违法违规录制、截取、传播涉及在线庭审过程的音频视频、图文资料。

第二十八条 在线诉讼参与人故意违反本规则第八条、第二十四条、第二十五条、第二十六条、第二十七条的规定，实施妨害在线诉讼秩序行为的，人民法院可以根据法律和司法解释关于妨害诉讼的相关规定作出处理。

第二十九条 经受送达人同意，人民法院可以通过送达平台，向受送达人的电子邮箱、即时通讯账号、诉讼平台专用账号等电子地址，按照法律和司法解释的相关规定送达诉讼文书和证据材料。

具备下列情形之一的，人民法院可以确定受送达人同意电子送达：

（一）受送达人明确表示同意的；

（二）受送达人在诉讼前对适用电子送达已作出约定或者承诺的；

（三）受送达人在提交的起诉状、上诉状、申请书、答辩状中主动提供用于接收送达的电子地址的；

（四）受送达人通过回复收悉、参加诉讼等方式接受已经完成的电子送达，并且未明确表示不同意电子送达的。

第三十条 人民法院可以通过电话确认、诉讼平台在线确认、线下发送电子送达确认书等方式，确认受送达人是否同意电子送达，以及受送达人接收电子送达的具体方式和地址，并告知电子送达的适用范围、效力、送达地址变更方式以及其他需告知的送达事项。

第三十一条 人民法院向受送达人主动提供或者确认的电子地址送达的，送达信息到达电子地址所在系统时，即为送达。

受送达人未提供或者未确认有效电子送达地址，人民法院向能够确认为受送达人本人的电子地址送达的，根据下列情形确定送达是否生效：

（一）受送达人回复已收悉，或者根据送达内容已作出相应诉讼行为的，即为完成有效送达；

（二）受送达人的电子地址所在系统反馈受送达人已阅知，或者有其他证据可以证明受送达人已经收悉的，推定完成有效送达，但受送达人能够证明存在系统错误、送达地址非本人使用或者非本人阅知等未收悉送达内容的情形除外。

人民法院开展电子送达，应当在系统中全程留痕，并制作电子送达凭证。电子送达凭证具有送达回证效力。

对同一内容的送达材料采取多种电子方式发送受送达人的，以最先完成的有效送达时间作为送达生效时间。

第三十二条 人民法院适用电子送达，可以同步通过短信、即时通讯工具、诉讼平台提示等方式，通知受送达人查阅、接收、下载相关送达材料。

第三十三条 适用在线诉讼的案件，各方诉讼主体可以通过在线确认、电子签章等方式，确认和签收调解协议、笔录、电子送达凭证及其他诉讼材料。

第三十四条 适用在线诉讼的案件，人民法院应当在调解、证据交换、庭审、合议等诉讼环节同步形成电子笔录。电子笔录以在线方式核对确认后，与书面笔录具有同等法律效力。

第三十五条 适用在线诉讼的案件，人民法院应当利用技术手段随案同步生成电子卷宗，形成电子档案。电子档案的立卷、归档、存储、利用等，按照档案管理相关法律法规的规定执行。

案件无纸质材料或者纸质材料已经全部转化为电子材料的，第一审人民法院可以采用电子卷宗代替纸质卷宗进行上诉移送。

适用在线诉讼的案件存在纸质卷宗材料的，应当按照档案管理相关法律法规立卷、归档和保存。

第三十六条 执行裁决案件的在线立案、电子材料提交、执行和解、询问当事人、电子送达等环节，适用本规则的相关规定办理。

人民法院可以通过财产查控系统、网络询价评估平台、网络拍卖平台、信用惩戒系统等，在线完成财产查明、查封、扣押、冻结、划扣、变价和惩戒等执行实施环节。

第三十七条 符合本规定第三条第二项规定的刑事案件，经公诉人、当事人、辩护人同意，可以根据案件情况，采取在线方式讯问被告人、开庭审理、宣判等。

案件采取在线方式审理的，按照以下情形分别处理：

（一）被告人、罪犯被羁押的，可以在看守所、监狱等羁押场所在线出庭；

（二）被告人、罪犯未被羁押的，因特殊原因确实无法到庭的，可以在人民法院指定的场所在线出庭；

（三）证人、鉴定人一般应当在线下出庭，但法律和司法解释另有规定的除外。

第三十八条 参与在线诉讼的相关主体应当遵守数据安全和个人信息保护的相关法律法规，履行数据安全和个人信息保护义务。除人民法院依法公开的以外，任何人不得违法违规披露、传播和使用在线诉讼数据信息。出现上述情形的，人民法院可以根据具体情况，依照法律和司法解释关于数据安全、个人信息保护以及妨害诉讼的规定追究相关单位和人员法律责任，构成犯罪的，依法追究刑事责任。

第三十九条 本规则自 2021 年 8 月 1 日起施行。最高人民法院之前发布的司法解释涉及在线诉讼的规定与本规则不一致的，以本规则为准。

人民法院在线调解规则

法释〔2021〕23号

（2021年12月27日最高人民法院审判委员会第1859次会议通过　2021年12月30日最高人民法院公告公布　自2022年1月1日起施行）

为方便当事人及时解决纠纷，规范依托人民法院调解平台开展的在线调解活动，提高多元化解纠纷效能，根据《中华人民共和国民事诉讼法》《中华人民共和国行政诉讼法》《中华人民共和国刑事诉讼法》等法律的规定，结合人民法院工作实际，制定本规则。

第一条　在立案前或者诉讼过程中依托人民法院调解平台开展在线调解的，适用本规则。

第二条　在线调解包括人民法院、当事人、调解组织或者调解员通过人民法院调解平台开展的在线申请、委派委托、音视频调解、制作调解协议、申请司法确认调解协议、制作调解书等全部或者部分调解活动。

第三条　民事、行政、执行、刑事自诉以及被告人、罪犯未被羁押的刑事附带民事诉讼等法律规定可以调解或者和解的纠纷，可以开展在线调解。

行政、刑事自诉和刑事附带民事诉讼案件的在线调解，法律和司法解释另有规定的，从其规定。

第四条 人民法院采用在线调解方式应当征得当事人同意，并综合考虑案件具体情况、技术条件等因素。

第五条 人民法院审判人员、专职或者兼职调解员、特邀调解组织和特邀调解员以及人民法院邀请的其他单位或者个人，可以开展在线调解。

在线调解组织和调解员的基本情况、纠纷受理范围、擅长领域、是否收费、作出邀请的人民法院等信息应当在人民法院调解平台进行公布，方便当事人选择。

第六条 人民法院可以邀请符合条件的外国人入驻人民法院调解平台，参与调解当事人一方或者双方为外国人、无国籍人、外国企业或者组织的民商事纠纷。

符合条件的港澳地区居民可以入驻人民法院调解平台，参与调解当事人一方或者双方为香港特别行政区、澳门特别行政区居民、法人或者非法人组织以及大陆港资澳资企业的民商事纠纷。

符合条件的台湾地区居民可以入驻人民法院调解平台，参与调解当事人一方或者双方为台湾地区居民、法人或者非法人组织以及大陆台资企业的民商事纠纷。

第七条 人民法院立案人员、审判人员在立案前或者诉讼过程中，认为纠纷适宜在线调解的，可以通过口头、书面、在线等方式充分释明在线调解的优势，告知在线调解的主要形式、权利义务、法律后果和操作方法等，引导当事人优先选择在线调解方式解决纠纷。

第八条 当事人同意在线调解的，应当在人民法院调解平台填写身份信息、纠纷简要情况、有效联系电话以及接收诉讼文书电子送达地址等，并上传电子化起诉申请材料。当事人在电子诉讼平台已经提交过电子化起诉申请材料的，不再重复提交。

当事人填写或者提交电子化起诉申请材料确有困难的，人民法院可以辅助当事人将纸质材料作电子化处理后导入人民法院调解平台。

第九条 当事人在立案前申请在线调解，属于下列情形之一的，人民法院退回申请并分别予以处理：

（一）当事人申请调解的纠纷不属于人民法院受案范围，告知可以采用的其他纠纷解决方式；

（二）与当事人选择的在线调解组织或者调解员建立邀请关系的人民法院对该纠纷不具有管辖权，告知选择对纠纷有管辖权的人民法院邀请的调解组织或者调解员进行调解；

（三）当事人申请调解的纠纷不适宜在线调解，告知到人民法院诉讼服务大厅现场办理调解或者立案手续。

第十条 当事人一方在立案前同意在线调解的，由人民法院征求其意见后指定调解组织或者调解员。

当事人双方同意在线调解的，可以在案件管辖法院确认的在线调解组织和调解员中共同选择调解组织或者调解员。当事人同意由人民法院指定调解组织或者调解员，或者无法在同意在线调解后两个工作日内共同选择调解组织或者调解员的，由人民法院指定调解组织或者调解员。

人民法院应当在收到当事人在线调解申请后三个工作日内指定调解组织或者调解员。

第十一条 在线调解一般由一名调解员进行，案件重大、疑难复杂或者具有较强专业性的，可以由两名以上调解员调解，并由当事人共同选定其中一人主持调解。无法共同选定的，由人民法院指定一名调解员主持。

第十二条 调解组织或者调解员应当在收到人民法院委派委托调解信息或者当事人在线调解申请后三个工作日内，确认接受人民法院委派委托或者当事人调解申请。纠纷不符合调解组织章程规定的调解范围或者行业领域，明显超出调解员擅长领域或者具有其他不适宜接受情形的，调解组织或者调解员可以写明理由后不予接受。

调解组织或者调解员不予接受或者超过规定期限未予确认的，人民法院、当事人可以重新指定或者选定。

第十三条　主持或者参与在线调解的人员有下列情形之一，应当在接受调解前或者调解过程中进行披露：

（一）是纠纷当事人或者当事人、诉讼代理人近亲属的；

（二）与纠纷有利害关系的；

（三）与当事人、诉讼代理人有其他可能影响公正调解关系的。

当事人在调解组织或者调解员披露上述情形后或者明知其具有上述情形，仍同意调解的，由该调解组织或者调解员继续调解。

第十四条　在线调解过程中，当事人可以申请更换调解组织或者调解员；更换后，当事人仍不同意且拒绝自行选择的，视为当事人拒绝调解。

第十五条　人民法院对当事人一方立案前申请在线调解的，应当征询对方当事人的调解意愿。调解员可以在接受人民法院委派调解之日起三个工作日内协助人民法院通知对方当事人，询问是否同意调解。

对方当事人拒绝调解或者无法联系对方当事人的，调解员应当写明原因，终结在线调解程序，即时将相关材料退回人民法院，并告知当事人。

第十六条　主持在线调解的人员应当在组织调解前确认当事人参与调解的方式，并按照下列情形作出处理：

（一）各方当事人均具备使用音视频技术条件的，指定在同一时间登录人民法院调解平台；无法在同一时间登录的，征得各方当事人同意后，分别指定时间开展音视频调解；

（二）部分当事人不具备使用音视频技术条件的，在人民法院诉讼服务中心、调解组织所在地或者其他便利地点，为其参与在线调解提供场所和音视频设备。

各方当事人均不具备使用音视频技术条件或者拒绝通过音视频方式调解的，确定现场调解的时间、地点。

在线调解过程中，部分当事人提出不宜通过音视频方式调解的，调解员在征得其他当事人同意后，可以组织现场调解。

第十七条 在线调解开始前，主持调解的人员应当通过证件证照在线比对等方式核实当事人和其他参与调解人员的身份，告知虚假调解法律后果。立案前调解的，调解员还应当指导当事人填写《送达地址确认书》等相关材料。

第十八条 在线调解过程中，当事人可以通过语音、文字、视频等形式自主表达意愿，提出纠纷解决方案。除共同确认的无争议事实外，当事人为达成调解协议作出妥协而认可的事实、证据等，不得在诉讼程序中作为对其不利的依据或者证据，但法律另有规定或者当事人均同意的除外。

第十九条 调解员组织当事人就所有或者部分调解请求达成一致意见的，应当在线制作或者上传调解协议，当事人和调解员应当在调解协议上进行电子签章；由调解组织主持达成调解协议的，还应当加盖调解组织电子印章，调解组织没有电子印章的，可以将加盖印章的调解协议上传至人民法院调解平台。

调解协议自各方当事人均完成电子签章之时起发生法律效力，并通过人民法院调解平台向当事人送达。调解协议有给付内容的，当事人应当按照调解协议约定内容主动履行。

第二十条 各方当事人在立案前达成调解协议的，调解员应当记入调解笔录并按诉讼外调解结案，引导当事人自动履行。依照法律和司法解释规定可以申请司法确认调解协议的，当事人可以在线提出申请，人民法院经审查符合法律规定的，裁定调解协议有效。

各方当事人在立案后达成调解协议的，可以请求人民法院制作调解书或者申请撤诉。人民法院经审查符合法律规定的，可以制作调解书或者裁定书结案。

第二十一条 经在线调解达不成调解协议，调解组织或者调解员应当记录调解基本情况、调解不成的原因、导致其他当事人诉讼成本增加的行为以及需要向人民法院提示的其他情况。人民法院按照下列情形作出处理：

（一）当事人在立案前申请在线调解的，调解组织或者调解员可以建议通过在线立案或者其他途径解决纠纷，当事人选择在线立案的，调解组织或者调解员应当将电子化调解材料在线推送给人民法院，由人民法院在法定期限内依法登记立案；

（二）立案前委派调解的，调解不成后，人民法院应当依法登记立案；

（三）立案后委托调解的，调解不成后，人民法院应当恢复审理。

审判人员在诉讼过程中组织在线调解的，调解不成后，应当及时审判。

第二十二条 调解员在线调解过程中，同步形成电子笔录，并确认无争议事实。经当事人双方明确表示同意的，可以以调解录音录像代替电子笔录，但无争议事实应当以书面形式确认。

电子笔录以在线方式核对确认后，与书面笔录具有同等法律效力。

第二十三条 人民法院在审查司法确认申请或者出具调解书过程中，

发现当事人可能采取恶意串通、伪造证据、捏造事实、虚构法律关系等手段实施虚假调解行为，侵害他人合法权益的，可以要求当事人提供相关证据。当事人不提供相关证据的，人民法院不予确认调解协议效力或者出具调解书。

经审查认为构成虚假调解的，依照《中华人民共和国民事诉讼法》等相关法律规定处理。发现涉嫌刑事犯罪的，及时将线索和材料移送有管辖权的机关。

第二十四条 立案前在线调解期限为三十日。各方当事人同意延长的，不受此限。立案后在线调解，适用普通程序的调解期限为十五日，适用简易程序的调解期限为七日，各方当事人同意延长的，不受此限。立案后延长的调解期限不计入审理期限。

委派委托调解或者当事人申请调解的调解期限，自调解组织或者调解员在人民法院调解平台确认接受委派委托或者确认接受当事人申请之日起算。审判人员主持调解的，自各方当事人同意之日起算。

第二十五条 有下列情形之一的，在线调解程序终结：

（一）当事人达成调解协议；

（二）当事人自行和解，撤回调解申请；

（三）在调解期限内无法联系到当事人；

（四）当事人一方明确表示不愿意继续调解；

（五）当事人分歧较大且难以达成调解协议；

（六）调解期限届满，未达成调解协议，且各方当事人未达成延长调解期限的合意；

（七）当事人一方拒绝在调解协议上签章；

（八）其他导致调解无法进行的情形。

第二十六条 立案前调解需要鉴定评估的，人民法院工作人员、调解组织或者调解员可以告知当事人诉前委托鉴定程序，指导通过电子诉讼平台或者现场办理等方式提交诉前委托鉴定评估申请，鉴定评估期限不计入调解期限。

诉前委托鉴定评估经人民法院审查符合法律规定的，可以作为证据使用。

第二十七条 各级人民法院负责本级在线调解组织和调解员选任确认、业务培训、资质认证、指导入驻、权限设置、业绩评价等管理工作。上级人民法院选任的在线调解组织和调解员，下级人民法院在征得其同意后可以确认为本院在线调解组织和调解员。

第二十八条 人民法院可以建立婚姻家庭、劳动争议、道路交通、金融消费、证券期货、知识产权、海事海商、国际商事和涉港澳台侨纠纷等专业行业特邀调解名册，按照不同专业邀请具备相关专业能力的组织和人员加入。

最高人民法院建立全国性特邀调解名册，邀请全国人大代表、全国政协委员、知名专家学者、具有较高知名度的调解组织以及较强调解能力的人员加入，参与调解全国法院有重大影响、疑难复杂、适宜调解的案件。

高级人民法院、中级人民法院可以建立区域性特邀调解名册，参与本辖区法院案件的调解。

第二十九条 在线调解组织和调解员在调解过程中，存在下列行为之一的，当事人可以向作出邀请的人民法院投诉：

（一）强迫调解；

（二）无正当理由多次拒绝接受人民法院委派委托或者当事人调解申请；

（三）接受当事人请托或者收受财物；

（四）泄露调解过程、调解协议内容以及调解过程中获悉的国家秘密、商业秘密、个人隐私和其他不宜公开的信息，但法律和行政法规另有规定的除外；

（五）其他违反调解职业道德应当作出处理的行为。

人民法院经核查属实的，应当视情形作出解聘等相应处理，并告知有关主管部门。

第三十条 本规则自2022年1月1日起施行。最高人民法院以前发布的司法解释与本规则不一致的，以本规则为准。

最高人民法院
关于印发《最高人民法院远程视频接访规则》的通知

2014年4月16日　　法〔2014〕86号

各省、自治区、直辖市高级人民法院，解放军军事法院，新疆维吾尔自治区高级人民法院生产建设兵团分院：

现将《最高人民法院远程视频接访规则》予以印发，请结合实际，认真遵照执行。

最高人民法院远程视频接访规则

为进一步拓宽信访渠道，方便人民群众申诉信访，减轻人民群众负担，降低涉诉信访社会成本，根据中共中央办公厅、国务院办公厅下发的《关于依法处理涉法涉诉信访问题的意见》，制定本规则。

第一条　远程视频接访工作坚持重心下移、公开依法、便民及时的原则，努力减少群众涉诉上访负担，努力实现从走访到远程视频接访的申诉信访模式转变。

第二条　申诉信访人员可以向申诉信访案件一审人民法院或申诉信

访人员住所地的基层人民法院提出申请，通过远程视频的方式向最高人民法院依法表达诉求。

申诉信访案件一审人民法院或申诉信访人员住所地的基层人民法院不具备远程视频条件的，申诉信访人员可以向上一级人民法院提出申请。

各高级人民法院认为有必要的，经申诉信访人员同意，可以约请最高人民法院给予远程视频接谈。

最高人民法院认为有必要的，可以通过网上申诉信访平台或者其他方式约请申诉信访人员，通过远程视频接谈。

第三条 申诉信访人员不服中级人民法院或基层人民法院的生效裁判，经高级人民法院复查驳回，向最高人民法院申诉，属于最高人民法院接谈范围的案件，人民法院可以办理远程视频预约。

申诉信访案件未经高级人民法院审查处理，申诉信访人员坚持向最高人民法院反映情况的，可以办理远程视频预约，案件所在地高级人民法院应与最高人民法院联合接访。

第四条 远程视频接访一端为最高人民法院视频接访室。对端地点为申诉信访案件一审人民法院的视频接访室或申诉信访人员住所地的基层人民法院视频接访室。申诉信访案件一审人民法院或申诉信访人员住所地的基层人民法院不具备视频接访条件的，对端人民法院为上一级人民法院。

第五条 最高人民法院提供远程视频预约系统、负责远程视频接访工作。远程视频预约申请的审核、办理、通知、维持接访秩序等工作由接受预约申请的对端人民法院负责。

对端人民法院是申诉信访案件一审人民法院的，还应当指定专门法官，全程参与远程视频接访，做好接谈记录。申诉信访人员明确拒绝的，可不安排一审法院法官参与接访，但应维护好接谈秩序。

最高人民法院认为有必要的，可以要求高级人民法院安排法官联合接访。

对端人民法院不进行录音录像，最高人民法院对远程视频接访进行全程录音录像。

第六条 申诉信访人员提出远程视频预约申请，应提交原审裁判文书及主要证据材料的复印件。

收到远程视频预约申请的人民法院，应当即对申请所涉案件是否属于最高人民法院接谈范围进行审查，如属于最高人民法院接谈范围，应即刻提交预约申请。

第七条 远程视频预约申请被接受的，受理预约申请的人民法院，应当确定具体的接谈时间、对端人民法院视频接访室所在地点、可参加接谈的人员等事项，采用书面或者电子邮件、手机短信等方式通知申诉信访人员。

第八条 申诉信访人员应按照通知时间到对端人民法院视频接访室等待接访。申诉信访人员不得携带摄录设备和通讯工具进入视频接访室，不得在镜头前随意走动。接访过程中无关人员不得进入室内。

第九条 申诉信访人员确有正当理由无法按时参加接访的，应当向对端人民法院申请重新预约。对端人民法院同意重新预约的，应当及时报最高人民法院备案并告知申请人接谈时间。

第十条 申诉信访人员在对端人民法院视频接访室，通过远程网络视音频图像传输系统，对人民法院生效裁判提出申诉，或者表达其他诉求，最高人民法院进行接谈和处理。

第十一条 最高人民法院接访法官在远程视频接访后，可根据不同情况作以下处理：

（一）原审裁判明显有错误，符合申诉或申请再审立案条件的，告知对端人民法院向申诉信访人员收齐相关材料，移交最高人民法院立案审查；

（二）原审裁判并无不当，申诉理由不能成立的，告知申诉信访人员息诉罢访，做好法律释明工作；

（三）原审裁判需进一步审查的，预约下次远程视频接谈的时间；

（四）要求申诉信访案件原审人民法院做好息诉罢访或者帮扶教育工作。

第十二条 接谈结束后，最高人民法院接访法官应当及时记录处理意见。

对端人民法院共同接访法官负责及时在远程视频接待系统内记录案情、接访记录。

申诉信访案件原审人民法院负责对最高人民法院法官接访处理意见的具体落实。

第十三条 远程视频接谈后，如需再次接谈，接谈法官应当按照“约期接谈”制度，与申诉信访人员约定下次视频接访的时间，在此期间内申诉信访人员到最高人民法院人民来访接待室走访登记，不再安排接谈。

第十四条 各高级人民法院负责本辖区的远程视频系统建设，要指导、加强辖区内人民法院装备建设，设立固定的视频接访场所，保持网络畅通，保证远程视频接访顺利进行。

第十五条 各高级人民法院应当及时出台本辖区内远程视频预约和接访工作的具体措施。

第十六条 本规则自发布之日起施行。

最高人民法院
印发《关于人民法院执行流程公开的若干意见》的通知

2014年9月3日　　法发〔2014〕18号

各省、自治区、直辖市高级人民法院，解放军军事法院，新疆维吾尔自治区高级人民法院生产建设兵团分院：

为贯彻落实执行公开原则，规范人民法院执行流程公开工作，进一步提高执行工作的透明度，推进执行信息公开平台建设，最高人民法院制定了《关于人民法院执行流程公开的若干意见》。现将该意见予以印发，请加强组织领导，采取有效措施，按照该意见的要求，切实做好执行流程信息公开工作。

最高人民法院
关于人民法院执行流程公开的若干意见

为贯彻落实执行公开原则，规范人民法院执行流程公开工作，方便当事人及时了解案件执行进展情况，更好地保障当事人和社会公众对执行工作的知情权、参与权、表达权和监督权，进一步提高执行工作的透明度，以公开促公正、以公正立公信，根据《最高人民法院关于人民法院执行公开的若干规定》（法发〔2006〕35 号）、《最高人民法院关于推进司法公开三大平台建设的若干意见》（法发〔2013〕13 号）等规定，结合执行工作实际，制定本意见。

一、总体要求

第一条 人民法院执行流程信息以公开为原则、不公开为例外。对依法应当公开、可以公开的执行流程及其相关信息，一律予以公开，实现执行案件办理过程全公开、节点全告知、程序全对接、文书全上网，为当事人和社会公众提供全方位、多元化、实时性的执行公开服务，全面推进阳光执行。

第二条 人民法院执行流程公开工作，以各级人民法院互联网门户网站（政务网）为基础平台和主要公开渠道，辅以手机短信、电话语音系统、电子公告屏和触摸屏、手机应用客户端、法院微博、法院微信公众号等其他平台或渠道，将执行案件流程节点信息、案件进展状态及有关材料向案件当事人及委托代理人公开，将与法院执行工作有关的执行服务信息、执行公告信息等公共信息向社会公众公开。

各级人民法院应当在本院门户网站（政务网）下设的审判流程信息公开网上建立查询执行流程信息的功能模块。最高人民法院在政务网上建立“中国执行信息公开网”，开设“中国审判流程信息公开网”的入口，提供查询执行案件流程信息的功能以及全国各级人民法院执行流程信息公开平台的链接。各级人民法院应当建立电话语音系统，在立案大厅或信访接待等场所设立电子触摸屏，供案件当事人和委托代理人以及社会公众查阅有关执行公开事项。具备条件的法院，应当建立电子公告屏、在执行指挥系统建设中增加 12368 智能短信服务平台、法院微博以及法院微信公众号等公开渠道。

二、公开的渠道和内容

第三条 下列执行案件信息应当向当事人及委托代理人公开：

（一）当事人名称、案号、案由、立案日期等立案信息；

（二）执行法官以及书记员的姓名和办公电话；

（三）采取执行措施信息，包括被执行人财产查询、查封、冻结、扣划、扣押等信息；

（四）采取强制措施信息，包括司法拘留、罚款、拘传、搜查以及限制出境、限制高消费、纳入失信被执行人名单库等信息；

（五）执行财产处置信息，包括委托评估、拍卖、变卖、以物抵债等信息；

（六）债权分配和执行款收付信息，包括债权分配方案、债权分配方案异议、债权分配方案修改、执行款进入法院执行专用账户、执行款划付等信息；

（七）暂缓执行、中止执行、委托执行、指定执行、提级执行等信息；

（八）执行和解协议信息；

（九）执行实施案件结案信息，包括执行结案日期、执行标的到位情况、结案方式、终结本次执行程序征求申请执行人意见等信息；

（十）执行异议、执行复议、案外人异议、执行主体变更和追加等案件的立案时间、案件承办法官和合议庭其他组成人员以及书记员的姓名和办公电话、执行裁决、结案时间等信息；

（十一）执行申诉信访、执行督促、执行监督等案件的立案时间、案件承办法官和合议庭其他组成人员以及书记员的姓名和办公电话、案件处理意见、结案时间等信息；

（十二）执行听证、询问的时间、地点等信息；

（十三）案件的执行期限或审查期限，以及执行期限或审查期限扣除、延长等变更情况；

（十四）执行案件受理通知书、执行通知书、财产申报通知书、询问通知、听证通知、传票和询问笔录、调查取证笔录、执行听证笔录等材料；

（十五）执行裁定书、决定书等裁判文书；

（十六）执行裁判文书开始送达时间、完成送达时间、送达方式等送达信息；

（十七）执行裁判文书在执行法院执行流程信息公开模块、中国执行信息公开网及中国裁判文书网公布的情况，包括公布时间、查询方式等；

（十八）有关法律或司法解释要求公布的其他执行流程信息。

第四条 具备条件的法院，询问当事人、执行听证和开展重大执行活动时应当进行录音录像。询问、听证和执行活动结束后，该录音录像应当向当事人及委托代理人公开。当事人及委托代理人申请查阅录音录像的，执行法院经核对身份信息后，及时提供查阅。

第五条 各级人民法院通过网上办案，自动生成执行案件电子卷宗。电子卷宗正卷应当向当事人及委托代理人公开。当事人及委托代理人申请查阅电子卷宗的，执行法院经核对身份信息后，及时提供查阅。

第六条 对于执行裁定书、决定书以外的程序性执行文书，各级法院通过执行流程信息公开模块，向当事人及诉讼代理人提供电子送达服务。当事人及委托代理人同意人民法院采用电子方式送达执行文书的，应当在立案时提交签名或者盖章的确认书。

第七条 各级人民法院通过互联网门户网站（政务网）向社会公众公开本院下列信息：

（一）法院地址、交通图示、联系方式、管辖范围、下辖法院、内设部门及其职能、投诉渠道等机构信息；

（二）审判委员会组成人员、审判执行人员的姓名、职务等人员信息；

（三）执行流程、执行裁判文书和执行信息的公开范围和查询方法等执行公开指南信息；

（四）执行立案条件、执行流程、申请执行书等执行文书样式、收费标准、执行费缓减免交的条件和程序、申请强制执行风险提示等执行指南信息；

（五）听证公告、悬赏公告、拍卖公告；

（六）评估、拍卖及其他社会中介入选机构名册等名册信息。

（七）司法解释、指导性案例、执行业务文件等。

三、公开的流程

第八条 除执行请示、执行协调案件外，各级人民法院受理的各类执行案件，应当及时向案件当事人及委托代理人预留的手机号码，自动推送短信，提示案件流程进展情况，提醒案件当事人及委托代理人及时接受电子送达的执行文书。

立案部门、执行机构在向案件当事人及其委托代理人送达案件受理通知书、执行通知书时，应当告知案件流程进展查询、接受电子送达执行文书的方法，并做好宣传、咨询服务等工作。

在执行过程中，追加或变更当事人、委托代理人的，由执行机构在送达相关法律文书时告知前述事项。

第九条 在执行案件办理过程中，案件当事人及委托代理人可凭有效证件号码或组织机构代码、手机号码以及执行法院提供的查询码、密码，通过执行流程信息公开模块、电话语音系统、电子公告屏和触摸屏、手机应用客户端、法院微博、法院微信公众号等多种载体，查询、下载有关执行流程信息、材料等。

第十条 执行流程信息公开模块应具备双向互动功能。案件当事人及委托代理人登录执行流程信息公开模块后，可向案件承办人留言。留言内容应于次日自动导入网上办案平台，案件承办人可通过网上办案平台对留言进行回复。

第十一条 同意采用电子方式送达执行文书的当事人及委托代理人，可以通过执行流程信息公开模块签收执行法院以电子方式送达的各类执行文书。

当事人及委托代理人下载或者查阅以电子方式送达的执行文书时，自动生成送达回证，记录受送达人下载文书的名称、下载时间、IP 地址等。自动生成的送达回证归入电子卷宗。

执行机构书记员负责跟踪受送达人接受电子送达的情况，提醒、指导受送达人及时下载、查阅电子送达的执行文书。提醒短信发出后三日内受送达人未下载或者查阅电子送达的执行文书的，应当通过电子邮件、传真、邮寄等方式及时送达。

四、职责分工

第十二条 具备网上办案条件的法院，应当严格按照网上办案的相关要求，在网上办案系统中流转、审批执行案件，制作各类文书、笔录和报告，及时、准确、完整地扫描、录入案件材料和案件信息。

执行案件因特殊情形未能严格实行网上办案的，案件信息录入工作应当与实际操作同步完成。

因具有特殊情形不能及时录入信息的，应当详细说明原因，报执行机构负责人和分管院领导审批。

第十三条 案件承办人认为具体案件不宜按照本意见第三条、第四条和第五条公开全部或部分流程信息及材料的，应当填写《执行流程信息不予公开审批表》，详细说明原因，经执行机构负责人审核后，呈报分管院领导审批。

第十四条 各级人民法院网上办案系统生成的执行流程数据和执行过程中生成的其他流程信息，应当存储在网上办案系统数据库中，作为执行信息公开的基础数据，通过数据摆渡的方式同步到互联网上的执行信息公开模块，并及时、全面、准确将执行案件流程数据录入全国法院执行案件信息管理系统数据库。

执行法院网上办案系统形成的执行裁判文书，通过数据摆渡的方式导出至执行法院互联网门户网站（政务网）下设的裁判文书公开网，并提供与中国裁判文书网和中国执行信息公开网链接的端口。

第十五条 案件承办人认为具体案件不宜按照本意见第二条和第三条公开全部或部分流程信息及材料的，应当填写《执行流程信息不予公开审批表》，详细说明原因，经执行机构负责人审核后，呈报分管院领导审批。

第十六条 已在执行流程信息公开平台上发布的信息，因故需要变更的，案件承办人应当呈报执行机构领导审批后，及时更正网上办案平台中的相关信息，并通知当事人及网管人员，由网管人员及时更新执行流程信息公开平台上的相关信息。

第十七条 各级人民法院立案部门、执行机构是执行流程信息公开平台具体执行案件进度信息公开工作的责任部门，负责确保案件信息的准确性、完整性和录入、公开的及时性。

第十八条 各级人民法院司法行政装备管理部门应当为执行信息公开工作提供物质保障。

信息技术部门负责网站建设、运行维护、技术支持，督促技术部门每日定时将网上办案平台中的有关信息数据，包括领导已经签发的各类执行文书等，导出至执行流程信息公开平台，并通过执行流程信息公开平台将收集的有关信息，包括自动生成的送达回证等，导入网上办案平台，实现网上办案平台与执行流程信息公开平台的数据安全传输和对接。

第十九条 审判管理部门负责组织实施执行流程公开工作，监管执行流程信息公开平台，适时组织检查，汇总工作信息，向院领导报告工作情况，编发通报，进行督促、督办等。

发现案件信息不完整、滞后公开或存在错误的，审判管理部门应当督促相关部门补正，并协调、指导信息技术部门及时做好信息更新等工作。

第二十条 向公众公开信息的发布和更新，由各级法院确定具体负责部门。

五、责任与考评

第二十一条 因过失导致公开的执行流程信息出现重大错漏，造成严重后果的，依据相关规定追究有关人员的责任。

第二十二条 执行流程信息公开工作纳入司法公开工作绩效考评范围，考评办法另行制定。

六、附　则

第二十三条　本意见自下发之日起执行。

最高人民法院
印发《关于加强和规范人民法院网络司法拍卖工作的意见》的通知

2015 年 12 月 24 日　　　　　　　　法〔2015〕384 号

各省、自治区、直辖市高级人民法院，解放军军事法院，新疆维吾尔自治区高级人民法院生产建设兵团分院：

《最高人民法院关于加强和规范人民法院网络司法拍卖工作的意见》经最高人民法院 2015 年第 11 次院长办公会讨论通过，现予印发，请认真贯彻执行。

最高人民法院
关于加强和规范人民法院网络司法拍卖工作的意见

为贯彻落实《最高人民法院关于全面深化人民法院改革的意见》，适应互联网信息技术发展新形势，实现依法、公开、公平、便民的司法拍卖工作目标，根据《中华人民共和国民事诉讼法》、最高人民法院相关司法解释和有关文件规定，制定本意见。

一、各级人民法院要高度重视网络司法拍卖工作。网络司法拍卖工作是人民法院依照法律规定，在互联网平台上公开拍卖诉讼资产的司法行为，是执行工作的重要组成部分。加强和规范人民法院网络司法拍卖工作，是公正司法、司法为民的本质要求，是保障当事人合法权益、实现诉讼资产价值最大化的有效途径，是全面深化人民法院改革的重要内容，是提高人民法院司法公信力的重要举措，要切实抓紧抓好。

二、进一步明确职责，实行归口管理。网络司法拍卖工作坚持执行与拍卖相分离的原则，最高人民法院司法行政装备管理局司法辅助工作办公室负责指导全国法院网络司法拍卖工作。地方各级人民法院司法技术辅助工作部门负责网络司法拍卖工作。

三、坚持公开透明，接受各方面监督。各级人民法院必须在人民法院诉讼资产网以及各地法院选择的网络交易平台上发布拍卖公告、随机选择机构结果和拍卖成交结果等信息，公开司法拍卖信息。

四、严格依法办事，方便人民群众和审判工作。人民法院开展司法拍卖应全面推行网上拍卖方式，各高级人民法院结合当地实际，选择具有信息发布、网上报名、网上竞价、网上结算等功能且运作规范、安全可靠、服务优质的网络平台开展网络司法拍卖。选定的网络平台必须链接人民法院诉讼资产网，实现信息与资源共享。对不宜在网上拍卖或不具备条件的，可以采取现场拍卖方式。

五、完善、规范委托拍卖和法院自主拍卖行为。人民法院开展网络司法拍卖原则上应将拍卖事务委托给符合要求的专业拍卖机构进行，选择拍卖机构一律采取公开随机方式。有条件的法院或不适宜委托拍卖的诉讼资产，可由法院在网络平台上自主拍卖。各高级人民法院应根据相关规定，降低司法拍卖佣金和拍卖成本。采取委托拍卖方式的，司法拍卖成本由买受人以拍卖佣金方式承担。人民法院自主拍卖诉讼资产的，成本由法院承担。

六、加强监督监察，确保司法廉洁。人民法院在开展网络司法拍卖过程中，要严格执行法律法规及司法解释，健全各项规章制度，加强对网络平台流程节点的监管，强化对法院工作人员、拍卖机构的监管，严防串标等违规行为，确保网络拍卖资产、资金、信息的安全。

本意见自2016年1月1日起执行。各高级人民法院根据本意见，结合当地实际，制定实施细则，并报最高人民法院备案。

最高人民法院
印发《关于全面推进人民法院电子卷宗随案同步生成和深度应用的指导意见》的通知

2016 年 7 月 28 日　　　　法〔2016〕264 号

各省、自治区、直辖市高级人民法院，解放军军事法院，新疆维吾尔自治区高级人民法院生产建设兵团分院：

现将《关于全面推进人民法院电子卷宗随案同步生成和深度应用的指导意见》印发给你们，请结合实际认真贯彻实施。实施中的问题和建议，请及时报告我院。

最高人民法院
关于全面推进人民法院电子卷宗随案同步生成和深度应用的指导意见

为深入贯彻党的十八大和十八届三中、四中、五中全会精神，切实落实 2016 年《最高人民法院工作报告》要求，进一步提升人民法院审判执行信息化水平，深化司法公开力度，促进审判流程再造，破解人民法院“案多人少”和调卷难等难题，结合人民法院工作实际，制定本意见。

一、指导思想、总体目标和基本原则

（一）指导思想。紧紧围绕“四个全面”战略布局，进一步强化服务人民群众、服务审判执行、服务司法管理工作理念，深入贯彻《人民法院第四个五年改革纲要（2014—2018）》和《人民法院信息化五年发展规划（2016—2020）》，着力推进诉讼电子卷宗随案同步生成，全面开发和支持电子卷宗在案件办理、诉讼服务和司法管理中的深度应用，为建成人民法院信息化3.0版、打造智慧法院提供核心支撑。

（二）总体目标。2017年底前，全国法院全面实现电子卷宗随案同步生成和深度应用。各类案件办理过程中收集和产生的诉讼文件能够随时电子化并上传到案件办理系统，经过文档化、数据化、结构化处理，实现案件办理、诉讼服务和司法管理中各类业务应用的自动化、智能化，为全业务网络办理，全流程审判执行要素公开，面向法官、诉讼参与人和政务部门提供全方位智能服务奠定坚实基础。

（三）基本原则。坚持“以审判为中心、以便民为重点、以透明为保证、以质效为标准”原则，向法官、诉讼参与人和政务部门提供电子卷宗智能服务，实现法院审判工作的智慧管理和运行。

以审判为中心，服务法官办案。采取各种措施，确保电子卷宗生成不增加法官额外工作量。同时，通过对电子卷宗的技术加工、深度分析和挖掘，实现对办案全流程的支持和服务，大幅度提升法官办案水平和效率。

以便民为重点，推动阳光司法。充分运用互联网技术，拓展阳光司法范围，进一步为当事人、诉讼参与人和律师参与诉讼提供线上服务，减轻人民群众诉累，提升法院诉讼服务水平。

以精细为导向，加强司法管理。通过电子卷宗的流转和应用，实现案件审理过程的全程留痕和科学管理，为人民法院的司法管理提供抓手和依据，进一步提升人民法院司法管理的制度化、信息化和科学化水平。

以质效为标准，促进司法改革。通过电子卷宗的深度应用，规范审判程序，促进流程再造，深化司法公开，提高办案效率，提升审判质量，为法官职业化和员额制改革提供坚强的科技保障。

二、电子卷宗随案同步生成的基本要求

（一）电子卷宗内容。电子卷宗包含法院在案件受理时接收或办理过程中形成的电子文档、图像、音频、视频等电子文件，以及将纸质案卷材料依托数字影像、文字识别等技术制作而成的电子文档、数据等电子文件。

（二）电子文件制作。电子文件包含由检察院、法院、当事人、律师、第三方机构等通过信息化系统提供的电子文档、电子证据、电子音视频材料等。案件纸质卷宗要按照《人民法院电子诉讼档案管理暂行办法》（法〔2013〕283号）的质量及格式要求制作电子文件。

（三）电子文件收集。各类电子文件可通过诉讼服务平台上传、扫描设备输入、业务系统流转等方式，收集到办案平台中。要保证电子卷宗收集的同步性和及时性，在接收纸质诉讼材料后尽快完成电子化，保障后续审判环节能够及时使用电子卷宗。电子卷宗管理系统应实现电子卷宗的自动排版和归类。涉及国家秘密的案件卷宗应在涉密办案系统中生成和应用。

（四）电子卷宗存储和保管。各高级人民法院可根据本院辖区应用系统、网络和硬件建设情况，自行决定本辖区电子卷宗集中或分布存储方式。应采取及时存储、异地备份等安全保障方式，保证电子卷宗存储的安全性。

（五）电子卷宗审查和监管。要对个人和其他单位提供的电子材料进行审查，对本院电子卷宗的质量进行监管，避免出现遗漏、错误和延误，

审查和监管的内容包括数据完整度、图像文件清晰度、数据挂接准确度以及生成及时性等。

三、电子卷宗深度应用的基本要求

（一）全面支持法官网上办案。要通过对电子卷宗的开发利用，为法官办理案件提供全面的支持和服务；要通过文字和语义识别技术，支持电子卷宗文档化、数据化、结构化，辅助法官复用卷宗文字，智能辅助生成法律文书，大幅度降低办案人员案头工作量。

（二）支持合议庭内部卷宗流转。办案系统应具备电子卷宗管理功能，支持电子卷宗流转、合议庭成员网上阅卷，优化电子卷宗的浏览、操作体验，实现电子卷宗的文字可复制、大小可缩放、内容可检索、卷宗可标记等。

（三）支持审委会讨论审理。审委会系统应支持使用电子卷宗进行讨论审理，实现审委会委员在讨论过程中可随时查看案件电子卷宗详情，支持每个用户在电子卷宗上进行灵活批注。

（四）支持法院内部审判管理。审判管理平台应支持使用电子卷宗进行案件网上评查，通过审判管理平台全面掌握案件材料及办理情况，提高审判管理效率，提升审判管理质量。

（五）支持法院间查阅电子卷宗。办案系统应支持或通过数据集中管理平台实现电子卷宗集中和案件上诉、移送、再审查阅，原审法院收到查阅要求后，应在3个工作日内完成电子卷宗报送工作，纸质卷宗调取仍按相关规定执行。电子卷宗加盖法院电子签章后，具有与卷宗原件同等的效力。

（六）支持诉讼参与人网上查阅电子卷宗。诉讼服务平台应按照法律规定，通过与电子卷宗系统的网间数据安全交换，及时为当事人、律师提供随案同步生成电子卷宗的在线浏览、借阅等服务。

（七）支持审判流程实体信息公开。司法公开平台应按照法律规定，通过与法院电子卷宗系统的网间安全数据交换，加大司法公开力度，及时为当事人、律师提供案件卷宗可公开信息的全面公开。

（八）支持相关部门之间业务协同。对外业务协同平台应支持将电子卷宗提供给外部相关单位共享使用，促进相关部门特别是与检察院之间的案件实体数据网上交换、共享。

（九）支持电子卷宗归档。应通过信息技术手段对电子卷宗进行检测和比对，在符合相关归档要求的前提下，将电子卷宗转化为电子档案，除了电子卷宗自动生成电子页码外，其它内容要与纸质卷宗保持一致。

（十）支持创新拓展应用。支持各级法院以服务审判执行、服务人民群众、服务司法管理为宗旨，开拓思路、大胆创新，研发新型信息技术手段，深入挖掘电子卷宗应用潜力，积极拓展电子卷宗应用范围。

四、保障措施

（一）加强组织领导。各级人民法院要高度重视电子卷宗生成及应用工作，坚持主要领导亲自抓，各部门通力配合。要明确该项工作的牵头部门，负责工作的整体推进和管理，审判业务部门负责电子卷宗的生成及质量保障，电子卷宗生成可全院集中办理；审判管理部门负责监督电子卷宗生成质量；档案部门负责电子卷宗的归档管理；信息技术部门负责电子卷宗生成和深度应用的研发和技术保障；行政装备部门负责扫描、拍摄设备的保障及资金支持。各部门应明确工作职责，共同推进电子卷宗随案同步生成和深度应用工作。

（二）注重科技创新。各高级人民法院要注重新技术在电子卷宗生成和应用工作中的运用，组织相关力量突破电子卷宗数据化的关键技术，充分利用卷宗进行数据提取、数据回填、文书自动生成等技术，推动机制创新和审判流程再造，提升电子卷宗服务法官的能力，提高法官智能化办案水平。

（三）健全规章制度。各高级人民法院要根据本指导意见和本辖区的实际情况制定实施细则，建立健全电子卷宗相关管理规定，制定电子卷宗生成、归类、应用、流转、归档等业务规范，推动电子档案有关管理规定的改革，严格监督指导辖区法院各项工作的落实。

（四）优化服务体制。支持人民法院在配齐法官助理、书记员的基础上，聘请专业化社会服务团队，负责电子卷宗的生成、排版、目录归类和上传等工作，进一步减轻法官、司法辅助人员的工作量。各级人民法院应根据本院案件数量、干警数量，合理配置专业化服务人员，明确专业化社会服务团队的工作职责。

（五）落实经费保障。人民法院应充分保障应用系统升级改造、电子卷宗生成设备配备、电子卷宗深度应用功能开发及购买专业化服务所需资金。通过升级配备双屏或宽屏显示器等设备，进一步改善法官网上办案条件，为法官充分利用电子卷宗的智能应用提供硬件支持。

（六）抓好评估考核。各高级人民法院应结合辖区法院工作实际，制定电子卷宗随案同步生成和深度应用工作的规划和落实措施。最高人民法院将加强对全国法院的工作指导和技术支持，发挥数据集中管理平台对电子卷宗的管理作用，建立健全工作监督、反馈机制，定期组织本项工作的落实情况评估，并形成有效激励和约束机制，使各项工作任务落到实处。

最高人民法院
关于加快建设智慧法院的意见

2017年4月12日　　　　　　　　　　法发〔2017〕12号

为深入贯彻党的十八大和十八届三中、四中、五中、六中全会精神、十二届全国人大五次会议决议，全面落实《国家信息化发展战略纲要》和《“十三五”国家信息化规划》对智慧法院建设的总体要求，确保完成《人民法院信息化建设五年发展规划（2016—2020）》提出的2017年总体建成、2020年深化完善人民法院信息化3.0版的建设任务，以信息化促进审判体系和审判能力现代化，努力让人民群众在每一个司法案件中感受到公平正义，制定本意见。

一、充分认识加快建设智慧法院的意义、目标和要求

（一）深刻领会建设智慧法院的重大意义。智慧法院是人民法院充分利用先进信息化系统，支持全业务网上办理、全流程依法公开、全方位智能服务，实现公正司法、司法为民的组织、建设和运行形态。加快建设智慧法院是落实“四个全面”战略布局和五大发展理念的必然要求，是国家信息化发展战略的重要内容，是人民法院适应信息化时代新趋势、满足人民群众新期待的重要举措。各级人民法院要从推进国家法治建设、促进审判体系和审判能力现代化的高度，认识和推动智慧法院建设，切实发挥先进科学技术对服务人民群众、服务审判执行、服务司法管理的重要保障

作用。

（二）正确理解建设智慧法院的工作目标。建设智慧法院，就是要构建网络化、阳光化、智能化的人民法院信息化体系，支持全业务网上办理，全流程审判执行要素依法公开，面向法官、诉讼参与人、社会公众和政务部门提供全方位智能服务，使信息化切实服务审判执行，让司法更加贴近人民群众，用先进信息技术不断提高各级人民法院的科学管理水平。

（三）准确把握建设智慧法院的总体要求。坚持统一规划、积极推进，以最高人民法院和各高级人民法院信息化建设五年发展规划为指导，依据人民法院信息化标准，结合各地信息化建设发展实际，各级人民法院主动作为，务实有序推进建设；坚持融合共享、高效智能，充分拓展各类业务应用线上服务能力，建立线上线下有效对接机制，提升法院业务应用、各级法院和法院内外之间的融合贯通、互动服务效能，按需提供各类智能服务应用；坚持创新驱动、安全发展，加强前沿技术和关键技术研究，紧密结合审判执行工作实际，推进技术转移和转化应用，同时提高规划、建设、管理、维护等各环节信息安全风险意识和防护水平，在信息化建设和应用不断发展的同时确保信息安全。

二、推进系统建设，提供坚强的信息化基础支撑

（四）构建全要素集约化信息网络体系。基于法院专网、移动专网、外部专网、互联网和涉密内网，构建专有云、开放云和涉密云，提升各类基础设施配置水平，通过安全隔离交换技术实现网间信息共享。利用物联网技术，进一步提升诉讼服务大厅、执行指挥中心、科技法庭、远程提讯、远程接访、数字审委会、数字化会议室、信息管理中心等执法办案场所的信息化水平。

（五）构建全业务全流程融合应用体系。以现有各类应用系统为基础，打通数据接口、集成应用界面、拓展和完善业务功能，构建融合审

判、执行、人事、司法管理等各类应用系统的内部融合平台，集成司法公开、诉讼服务、沟通宣传等各类应用系统的外部服务平台，贯通内部融合平台和外部服务平台，形成“一站式”综合服务体系，推动平台资源整合、业务协同和多方利用，实现线上线下业务办理无缝对接。

（六）构建全方位信息资源及服务体系。完善国家司法审判信息资源库，实现审判执行、司法人事、司法政务、司法研究、信息化管理和所需外部数据的全面覆盖；建立数据集中管理和质量保障机制，狠抓数据源头，重视数据质量，做到汇聚快、要素全、质量高；建设数据共享交换平台，实现法院之间和法院与外部之间的数据共享交换和业务协同；建立大数据分析系统，研发面向司法公开、诉讼服务、决策支持、监控预警、司法研究和工作评估等方面的智能服务；探索建立面向立案、审理、裁判、执行等法院业务的知识图谱，构建面向各类用户的人工智能感知交互体系和以知识为中心的人工智能辅助决策体系。

三、推进业务应用，大力提升审判工作质效

（七）推动流程再造促进审判高效有序运行。基于贯通至人民法庭的法院专网，全面推进电子卷宗随案同步生成和深度应用，构建覆盖案件办理全流程的网上审判体系，全面支持网上办案，实现全程留痕、动态监督、审限预警，促进程序公正与实体公正的有机统一，全面提升审判质效，有效规范司法行为；推进巡回审判、执行等移动应用，打通服务群众的“最后一公里”；推进司法协助管理平台建设与应用，为“一带一路”等国家重大经济战略提供司法保障及便利。

（八）依托信息化破解执行难题。建设覆盖全国各级法院的执行指挥系统，融入案款管理、终本案件管理、执行会商、执行委托、舆情监管、绩效考核、数据分析等内容，发挥实时监控、上传下达、异地调度、快速反应等功效，形成全国法院上下一体、协调统一的运行机制；充分应用人

民法院执行案件流程信息管理系统，实现四级法院执行案件信息统一管理，立体多维的监控与纠错，加强业务管理和廉政风险防控；进一步完善网络查控系统，全面拓展提升查控广度和力度，实现与查控单位的业务协同，深入虚拟网络空间，分析挖掘隐匿涉案财物线索；持续加强信用惩戒系统建设和应用，实现与社会诚信体系的全面联动，多维关联分析被执行人信用数据，扩大信用惩戒范围，加大信用惩戒力度；大力推广网络拍卖系统建设和应用，支持全国法院网络司法拍卖工作，提高被执行财产处置效率。

（九）推进立案信访工作上下联动、内外贯通。建立完善网上立案系统，推广网上异地立案，与法官工作平台无缝对接，为涉诉群众提供更加便捷的服务；提高诉讼服务中心信息查询输出、信访接待处置、立案快速处理等专用诉服装备的信息化水平，不断增强人民群众的获得感；建立上下级法院以及法院与其他信访部门之间的及时信息共享和工作联动机制，探索建立面向跨部门稳控的信访群体特征画像与息访手段，提高多源涉诉信访数据分析的证据甄别与案件处置能力。

（十）借助现代信息技术助推司法改革。建立并完善举证、质证、认证留痕系统，全面贯彻证据裁判原则；通过信息化系统支持司法人员分类管理、人案结合绩效评查，促进司法责任制改革；建立完善人民陪审员分类、抽选、评估系统，支持人民陪审员制度改革；建立司法改革数据分析评估系统，提高司法改革方案科学性和工作成效。

四、推进"互联网＋阳光司法"，促进法院工作透明便民

（十一）提升司法公开工作水平。充分运用互联网技术，完善司法公开四大平台建设，助推司法公开工作，促进实现审判执行全要素依法公开；推动司法公开信息全面汇总、深度关联、便捷查询，提升司法信息公开水平和服务能力；继续推进庭审公开，通过互联网多渠道公开庭审过

程，让遍布各地的更多人群“走进”法庭，切实感受阳光司法的不断进步；进一步加强互联网监督投诉平台建设和推广应用，强化社会公众对人民法院各项工作的全面监督作用。

（十二）打造“互联网 +”诉讼服务体系。提供更加优质、高效、便捷的诉讼服务，支持实现所有诉讼服务业务网上办理；整合诉讼服务大厅、诉讼服务网、12368 热线、移动客户端等诉讼服务渠道，构建线上线下打通、内网外网互动的立体式诉讼模式，为诉讼参与人提供一体化、全方位、高效率的诉讼服务；进一步拓展网上诉讼服务，普及网上调解、网上证据交换、网上质证、网上开庭功能，构建支持全业务流程的互联网诉讼平台；建设完善电子送达系统，通过与外部单位信息共享，精准定位诉讼参与人，通过信息留痕、数据追溯，实时掌握受送达人收悉情况，提升送达效率，破解送达难题。

（十三）构建多渠道权威信息发布平台。利用互联网、移动互联网应用平台等，构建网站、微信、微博和 APP 客户端等多渠道权威信息发布平台，促进社会公众了解、参与、监督法院工作。

五、运用大数据和人工智能技术，按需提供精准智能服务

（十四）支持办案人员最大限度减轻非审判性事务负担。充分运用外包服务方式，建立先进的电子卷宗随案同步生成技术保障和运行管理机制，为案件信息智能化应用提供必要前提；不断提高法律文书自动生成、智能纠错及法言法语智能推送能力，庭审语音同步转录、辅助信息智能生成及实时推送能力，基于电子卷宗的文字识别、语义分析和案情理解能力，为辅助法官办案、提高审判质效提供有力支持；深挖法律知识资源潜力，提高海量案件案情理解深度学习能力，基于案件事实、争议焦点、法律适用类脑智能推理，满足办案人员对法律、案例、专业知识的精准化需求，促进法官类案同判和量刑规范化。

（十五）为人民群众提供更加智能的诉讼和普法服务。挖掘利用海量司法案件资源，提供面向各类诉讼需求的相似案例推送、诉讼风险分析、诉讼结果预判、诉前调解建议等服务，为减少不必要诉讼、降低当事人诉累提供有力支持；拓宽司法服务渠道，探索基于法律知识自主学习和个性化交流互动的智能普法服务装备，提升诉讼和普法服务质效；深度分析用户诉讼行为，挖掘用户个性化需求，精准推送司法公开信息，提升广大人民群众的获得感。

（十六）支持管理者确保审判权力正当有序运行。推广完善庭审规范性自动巡查系统，确保审判活动有序、高效、规范，提高司法公信力；提升审判管理、人事管理、政务管理信息化水平，再造审判管理流程，推进审判执行与审判管理同步运行，实时智能化预警审判执行过程偏离态势，实现审判工作的精细化管理；探索建立全面覆盖审判全过程的信息化监管手段，有效监督和制约审判权的行使；构建面向司法公开、司法为民、司法管理的信息化评估体系，确保司法公正、廉洁、高效。

（十七）支持法院管理者提高司法决策科学性。运用大数据为司法决策服务，结合审判动态分析和司法统计智能分析，科学研判审判运行态势，科学调配司法资源，提高司法决策的时效性和针对性；运用海量司法案例资源，针对刑事、民事和行政等案件，探寻新形势下司法规律，提高司法预测预判和应急响应能力；关联运用案件与人事、行政、财务、后勤、装备和信息化等数据资源，建立信息化支持的人民法院综合管理分析评估改进体系，支持提高各级人民法院科学化管理水平。

（十八）支持党和政府部门促进国家治理体系和治理能力现代化。深度挖掘分析海量案件信息资源，监测社会治理存在的突出矛盾，预判经济社会发展变化趋势，为各级党委、政府提供决策参考。

六、强化工作保障，促进持续健康发展

（十九）建立常态化经费保障机制。将智慧法院建设纳入当地经济发展战略、规划和计划，积极争取建设经费并在预算中统筹安排基础设施、重点项目建设资金和日常运维服务经费，确保建设需求；统筹利用天平工程、财政专项、科研项目等多项资金渠道，建立经费动态调整机制，优化资金配置；探索采用社会资本合作模式，创新信息化投融资机制，积极引导社会资本投入法院信息化建设。

（二十）建立规范化安全保障体系。大力推动实施《人民法院信息系统安全保障总体建设方案》，确保信息化建设与信息安全体系同步发展；建立全国法院年度信息安全检查机制，增强安全意识，强化安全管理和防护，保障网络安全；建立全国法院人员统一身份认证体系，完善人员身份认证和授权管理机制；健全完善基础设施、应用系统和数据资源安全保障机制，提高对各类突发事件的日常防控、态势预警和应急响应能力。

（二十一）建立质效型运维保障体系。构建以基础设施、应用系统、数据资源、信息安全为支撑，以应急响应为保证的常态化运维保障体系，最大限度提高人民法院信息化应用成效；建设推广可视化运维平台，实现对四级法院直至人民法庭的信息化运行质效可视化管理，为提高运行成效提供有力支持；从运维组织、运维管控、运维过程、运维资源四个方面建立信息系统运维保障评估方法，促进质效型运维管理体系不断完善。

（二十二）建立专业化人才保障体系。全面落实《最高人民法院关于人民法院信息化人才队伍建设的意见》，制定完善细则，督促贯彻实施，为智慧法院建设提供坚实的人才队伍保障。

（二十三）构建应用成效评估改进机制。开展法院信息化建设与应用的深度调研、评估指标设计、指数评估、问题分析和改进，提升人民法院

信息化的建设水平和应用成效；加强审判执行业务应用、司法管理应用的使用培训，重点加强试点示范项目的总结和交流培训力度；整合全媒体宣传推广资源，建立多渠道、全方位的法院信息化推广宣传体系。

最高人民法院　公安部　司法部
中国保险监督管理委员会
关于在全国部分地区开展道路交通事故损害赔偿纠纷“网上数据一体化处理”改革试点工作的通知

2017 年 10 月 27 日　　　　　　法〔2017〕316 号

各省、自治区、直辖市高级人民法院、公安厅（局）、司法厅（局），各保监局，解放军军事法院，新疆维吾尔自治区高级人民法院生产建设兵团分院、新疆生产建设兵团公安局、司法局：

为全面贯彻落实党的十九大精神，贯彻落实中共中央办公厅、国务院办公厅《关于完善矛盾纠纷多元化解机制的意见》和全国司法体制改革工作推进会精神，运用大数据加强预防和化解社会矛盾机制建设，努力提高社会化、法治化、智能化、专业化的社会治理水平，实现道路交通事故损害赔偿纠纷的公正高效处理，及时维护人民群众人身权、财产权，促进平安中国、法治中国建设，最高人民法院、公安部、司法部、中国保险监督管理委员会决定在北京、河北、吉林、上海、江苏、浙江、安徽、山东、河南、湖北、广东、海南、四川、重庆等 14 个省市联合开展道路交通事故损害赔偿纠纷“网上数据一体化处理”（以下简称网上一体化处理）改革试点工作。现就有关事项通知如下：

一、工作原则和工作目标

1. 坚持正确政治方向。深入学习贯彻党的十九大精神，坚持以习近平新时代中国特色社会主义思想武装头脑、指导实践、推动工作，不忘初心、牢记使命，统筹推进“五位一体”总体布局和协调推进“四个全面”战略布局，践行新发展理念，在道路交通事故损害赔偿纠纷的预防和化解中充分运用互联网思维、大数据分析加强和创新社会治理。

2. 坚持以人民为中心。围绕满足人民群众日益增长的美好生活需要，通过网上一体化处理改革，积极回应人民关切，充分保障人民权益，让数据多跑腿、人民少跑路，不断增强人民的获得感、幸福感和安全感。

3. 坚持共建共治共享。深化综合治理，凝聚多元力量，运用大数据构建公安机关、司法行政机关、保险监管机构与人民法院预防和化解纠纷的协同工作格局、信息共享机制及纠纷解决合力，共同参与社会治理。

4. 创新多元化纠纷解决机制。以审判为中心，统一业务流程，加强诉讼与调解的衔接，统一证据规则和赔偿标准，探索电子送达，建立公开透明的委托鉴定机制，实施一键快速理赔，实现纠纷的全程可视化、阳光化快速处理与化解，提升纠纷解决的法律效果和社会效果。

二、试点工作主要内容

5. 网上一体化处理包括责任认定、理赔计算、在线调解、在线鉴定、在线诉讼、一键理赔等流程。

6. 试点地区人民法院应建立和完善诉调对接机制，按照共建共治共享原则，建立网上一体化处理平台，努力实现责任认定、理赔计算、调解、司法鉴定、法院诉讼、一键理赔、道路交通事故社会救助基金垫付及追偿、法律咨询等业务的在线处理与信息共享，有关部门及保险行业应予积极配合。人民法院在线作出司法裁判并送达当事人后，应及时上传有关裁判文书等诉讼信息。

7. 试点地区有关部门应加强宣传和引导，促进人民群众和有关单位对网上一体化处理的了解及认识，主动引导当事人通过网上一体化处理解决纠纷。

8. 是否适用网上一体化处理由当事人自愿选择。当事人选择的，纠纷进入诉讼程序前，应按照《公安部、司法部、中国保险监督管理委员会关于推行人民调解委员会调解道路交通事故民事损害赔偿工作的通知》以及《最高人民法院、中国保险监督管理委员会关于全面推进保险纠纷诉讼与调解对接机制建设的意见》的有关规定开展诉前调解、一键快速理赔。网上一体化处理进行调解，不收取任何费用。

9. 根据《中华人民共和国民事诉讼法》《中华人民共和国人民调解法》及《最高人民法院关于建立健全诉讼与非诉讼相衔接的矛盾纠纷解决机制的若干意见》《最高人民法院关于扩大诉讼与非诉讼相衔接的矛盾纠纷解决机制改革试点总体方案》等相关规定，经网上一体化处理达成的调解协议，具有民事合同性质，当事人应当信守。有关调解组织应实时上传调解协议等调解信息。双方当事人可以就调解协议共同申请在线司法确认。人民法院依法作出确认裁定后，一方当事人拒绝履行或未全部履行的，对方当事人可申请强制执行。

10. 以司法为引导，创新工作机制，加强相关部门的沟通协调，充分运用信息技术拓展理赔计算器在行政调解、人民调解、保险理赔中的运用，统一赔偿标准与证据规则，实现调解、裁判以及保险理赔的流程化、标准化和高效化，不断实现纠纷解决的公开公平公正。

11. 试点地区的公安机关交通管理部门处理交通事故时，当事人对事故损害赔偿有争议的，应积极引导当事人选择网上一体化处理，并及时将相关当事人、事故车辆、责任认定等信息传递至网上一体化处理平台。当事人在法定时限内一致书面请求公安机关交通管理部门调解的，应当进行调解。

12. 道路交通事故造成人身或财产损害需要申请鉴定的，受理纠纷的调解组织可征求各方当事人的意见，在调解阶段在线启动鉴定程序、选定鉴定机构并征得各方当事人同意、缴纳鉴定费用、传输鉴定检材、通知各方当事人到场鉴定、形成鉴定意见及逐案对鉴定意见进行评价，并向司法行政机关反馈评价结果。一方当事人自行委托有关部门作出的鉴定结论，另一方当事人有证据足以反驳并申请重新鉴定的，应予准许。

13. 试点地区的保险监管机构应引导各保险公司积极通过网上一体化处理进行理赔，凡在平台上调解或裁判结案的案件，当事人在线发起一键理赔请求的，保险公司应在期限内进行快速赔付。

三、试点工作要求

14. 试点地区的人民法院、公安机关、司法行政机关、保险监管机构应充分认识此项工作的重要性，加强组织领导，建立工作协调和信息共享机制，确定联系部门和联系人，建立联席会议制度，并结合本地实际制定具体实施方案。

15. 试点地区的人民法院应在最高人民法院的指导和当地党委的领导下，做好在线司法确认、在线庭审和有关业务指导工作，认真听取各参与方的意见建议，优化网上一体化处理的功能模块和业务规范，充分发挥网上一体化处理的优势，实现纠纷的公正、高效、透明处理；组建专门的网络审判小组或改革联络办公室，负责各相关部门之间协作交流、联席会议等具体事宜的落实及日常联络工作。

16. 试点地区司法行政机关应会同有关部门，进一步加强道路交通事故人民调解组织建设，积极发展专职人民调解员队伍，注重选聘退休法官、交警、司法行政部门和保险监管机构工作人员以及保险行业从业人员、律师、仲裁员等担任人民调解员，不断提高人民调解工作水平。人民法院、公安机关、保险监管机构应积极配合、支持司法行政机关做好人民调解员选聘和培训工作，协调解决人民调解组织的办公场所和办公设备，保障必要的工作经费。

17. 试点地区保险监管机构应按照《最高人民法院、中国保险监督管理委员会关于全面推进保险纠纷诉讼与调解对接机制建设的意见》有关要求，进一步加强保险纠纷调解组织建设和调解员的选聘管理工作，提高相关调解工作的规范化、制度化，指导其参与涉保险的道路交通事故损害赔偿纠纷调解工作。

18. 使用网上一体化处理平台的有关部门、机构和组织应按照《中华人民共和国网络安全法》有关要求，采取措施，确保平台中的信息安全，严禁将获得的有关信息泄露、出售或非法提供给他人以及用于商业目的。

19. 试点地区的人民法院、公安机关、司法行政机关、保险监管机构要积极争取当地党委、政府对改革的支持，将试点工作纳入当地矛盾纠纷多元化解工作经费保障范围，确保试点工作有序进行。

20. 非试点地区的人民法院、公安机关、司法行政机关、保险监管机构，可参照本通知精神，借鉴试点地区的成功经验，积极探索、自主实施网上一体化处理改革。

21. 网上一体化处理改革试点自本通知下发之日起为期两年，分步实施，本阶段暂只适用于涉保险的道路交通事故损害赔偿纠纷，未参保的有关纠纷可参照执行。各试点地区应层报具体实施方案，试点实施中遇到的问题与经验及时向上级业务或主管部门报送。最高人民法院、公安部、司法部、中国保险监督管理委员会将共同加强指导，适时组织阶段性检查总结，并待条件成熟时在全国推广。

最高人民法院办公厅　公安部办公厅
司法部办公厅　中国银行保险监督管理
委员会办公厅
**关于印发《道路交通事故
损害赔偿纠纷“网上数据一体化处理”
工作规范（试行）》的通知**

2018 年 9 月 10 日　　　　法办〔2018〕163 号

各省、自治区、直辖市高级人民法院、公安厅（局）、司法厅（局），各保监局，解放军军事法院，新疆维吾尔自治区高级人民法院生产建设兵团分院、新疆生产建设兵团公安局、司法局：

为贯彻落实党的十九大精神，深入推进道路交通事故损害赔偿纠纷“网上数据一体化处理”改革工作，进一步规范道路交通事故损害赔偿纠纷“网上数据一体化处理”工作，形成改革合力，最高人民法院、公安部、司法部、中国银行保险监督管理委员会制定了《道路交通事故损害赔偿纠纷“网上数据一体化处理”工作规范（试行）》。现予印发，请认真遵照执行。

道路交通事故损害赔偿纠纷“网上数据一体化处理”工作规范（试行）

第一章　总　则

第一条　为贯彻落实党的十九大精神，深入推进道路交通事故损害赔偿纠纷“网上数据一体化处理”（以下简称道交纠纷网上一体化处理）改革工作，进一步规范道交纠纷网上一体化处理工作，根据《中华人民共和国侵权责任法》《中华人民共和国保险法》《中华人民共和国道路交通安全法》《中华人民共和国民事诉讼法》《中华人民共和国人民调解法》等法律以及《最高人民法院公安部司法部中国保险监督管理委员会关于在全国部分地区开展道路交通事故损害赔偿纠纷“网上数据一体化处理”改革试点工作的通知》等相关规定，制定本规范。

第二条　开展道交纠纷网上一体化处理工作应当坚持正确政治方向，坚持以人民为中心，坚持共建共治共享，创新多元化纠纷解决机制，运用大数据构建人民法院与公安机关、调解组织、保险机构、鉴定机构的相互衔接、协调联动工作格局，实现理赔计算、调解、鉴定、诉讼、理赔等业务的信息共享和在线处理，实现道路交通事故损害赔偿纠纷的全程信息化快速处理与化解。

第三条　开展道交纠纷网上一体化处理工作应当依法、公正进行，遵守法律、行政法规和司法解释规定的程序，不得损害当事人及其他利害关系人的合法权益，不得违反法律的基本原则，不得损害社会公共利益。

第四条　开展道交纠纷网上一体化处理工作应当充分尊重各方当事人意愿，不得强制调解，保障当事人依法行使民事权利和诉讼权利。

第五条　开展道交纠纷网上一体化处理工作应当坚持高效便民原则，

注重工作效率，尽可能方便当事人，降低当事人解决纠纷成本。

第六条 人民法院与公安机关交通管理部门、司法行政机关、保险监管机构应当密切协作配合，加强信息共享，建立道交纠纷网上一体化处理平台，不断提高信息化水平，共同推进道交纠纷网上一体化处理改革。

第二章 工作机制

第七条 人民法院、公安机关交通管理部门、司法行政机关、保险监管机构、保险行业协会应当根据实际情况，建立道交纠纷网上一体化处理工作沟通协调机制，建立联席会议制度。

第八条 人民法院、公安机关交通管理部门、司法行政机关、保险监管机构应当建立信息共享机制，推动信息系统间对接互通，实现多部门多环节信息共享，确保道交纠纷网上一体化处理平台有序运行。

第九条 道交纠纷网上一体化处理工作建立共享共用和多环节进入机制。发生纠纷后，当事人可以直接进入道交纠纷网上一体化处理平台使用理赔计算器等，也可以在线直接提起调解申请或者诉讼；调解组织在接到当事人调解申请以及公安机关交通管理部门、人民法院引导当事人发起的调解申请时，进入平台在线调解，以实现平台资源最大化利用，有效化解纠纷。

第十条 道交纠纷网上一体化处理工作建立先行调解机制。公安机关交通管理部门处理道路交通事故时，根据事故当事人一致申请，依法对事故损害赔偿纠纷进行调解；当事人未按规定一致申请调解或者调解未达成协议的，可以引导当事人使用道交纠纷网上一体化处理平台发起调解。人民法院受理道路交通事故损害赔偿纠纷，除不适宜调解的外，引导当事人在登记立案前先行调解，将纠纷化解在诉前，降低当事人解决纠纷成本。

第十一条 道交纠纷网上一体化处理工作建立鉴定前置机制，实现调解组织在调解阶段依法组织当事人申请在线鉴定。

第十二条 鼓励探索将道交纠纷网上一体化处理平台与移动客户端连接，实现道路交通事故损害赔偿纠纷便捷化处理。

第三章 职责分工

第十三条 人民法院负责道交纠纷网上一体化处理平台的建设维护，公安机关交通管理部门、司法行政机关、保险监管机构、保险行业等协助完成系统对接，共同保障平台良好运行，实现信息共享与处理。

第十四条 人民法院负责引导当事人在登记立案前通过道交纠纷网上一体化处理平台先行调解，在线受理诉讼，依法进行司法确认和案件审理，并及时将有关诉讼信息传递至道交纠纷网上一体化处理平台。

第十五条 公安机关交通管理部门负责引导当事人选择使用道交纠纷网上一体化处理平台处理纠纷；及时、准确将相关当事人、事故车辆、当事人责任、事故复核情况等信息传递至道交纠纷网上一体化处理平台。

第十六条 司法行政机关负责会同有关部门，进一步加强道路交通事故人民调解组织建设，积极发展专职人民调解员队伍，提升人民调解公信力；将道路交通事故人民调解员的培训纳入司法行政队伍培训计划，不断提高人民调解员的业务能力和水平，并定期组织考评工作；建立鉴定管理与使用衔接机制，建立在线鉴定动态评价机制，加强对鉴定机构和鉴定人员的管理和监督；建立人民调解组织和调解员、鉴定机构和鉴定人名册制度，方便当事人选择。

第十七条 保险监管机构负责会同司法行政机关，进一步指导保险行业协会加强保险行业道路交通事故纠纷调解组织建设和调解员的选聘及管理工作。保险监管机构会同司法行政机关结合辖区实际，指导当地保险行业协会进一步建立健全保险行业道路交通事故纠纷调解组织，鼓励有条件的地区建立第三方保险纠纷调解机制，推动调解组织的规范化、标准化。

第十八条 保险监管机构应当督促保险公司实现理赔服务平台与道交纠纷网上一体化处理平台的有效对接；督促保险公司建立快速理赔服务机制；鼓励保险公司建立调解权限动态授予、异地授权、及时应调、快速审批等机制，保障基层分支机构能够通过调解解决纠纷；引导保险公司积极参与调解，及时履行有效的调解协议，对未在合理期限内及时理赔的，依法采取相应的监管措施。

第四章 信息共享

第十九条 人民法院、公安机关交通管理部门、司法行政机关、保险监管机构、调解组织以及保险公司应当根据道交纠纷网上一体化处理工作需要，将相关信息上传至道交纠纷网上一体化处理平台，实现以下信息共享：

（一）当事人上传的当事人身份信息、送达地址（包括电子送达地址）确认书、当事人选择道交纠纷网上一体化处理的意愿等信息；

（二）公安机关交通管理部门上传的交通事故基本信息、当事人身份信息、当事人联系方式、法律文书送达地址确认书、询问笔录、责任认定书或者道路交通事故证明、勘查信息、检验报告、肇事车辆等信息；

（三）司法行政机关上传的调解组织、调解员、鉴定机构和鉴定人名册等信息；

（四）调解组织上传的当事人身份、调解情况、调解书、抢救费、医疗费、交通事故救助基金使用、鉴定人作证、鉴定意见评价等信息；

（五）鉴定机构上传的鉴定委托书、鉴定人、鉴定意见等信息；

（六）人民法院上传的案件基本信息、诉前及诉讼调解、在线审理、司法裁判等信息；

（七）保险公司上传的当事人投保记录、保险合同、理赔请求、理赔数额以及理赔时间等信息。

第五章　业务流程

第二十条　道路交通事故发生后，公安机关交通管理部门按照一般程序或者简易程序调查并作出事故认定，及时将事故处理相关信息录入事故处理执法办案系统；当事人对事故损害赔偿有争议的，交通警察告知当事人可以向调解组织申请调解，也可以向人民法院提起诉讼，并引导其通过道交纠纷网上一体化处理平台在线申请调解或者诉讼；当事人在法定时限内一致书面请求公安机关交通管理部门调解的，公安机关交通管理部门应当进行调解。

第二十一条　人民法院受理道路交通事故损害赔偿纠纷，除不适宜调解的，应当引导当事人在登记立案前先行调解。当事人申请或者同意适用道交纠纷网上一体化处理机制的，应当提交和上传身份证明、送达地址（包括电子送达地址）确认书，以及其他证明损害情况等有关纠纷的基本信息。

第二十二条　当事人选择通过道交纠纷网上一体化处理机制进行调解的，除侵权人涉嫌刑事犯罪以及当事人无明确联系方式或者下落不明等不适宜调解的以外，有关道路交通事故损害赔偿纠纷由调解组织先行调解。

第二十三条 道路交通事故涉及的人身损害等专门性问题需要申请鉴定的，调解组织可以征求各方当事人的意见，在调解阶段在线启动鉴定程序：

（一）当事人申请鉴定；

（二）调解组织对鉴定事项进行审查并组织当事人对检材发表意见；

（三）各方当事人协商确定或者调解组织依法定程序确定鉴定机构；

（四）调解组织向鉴定机构发送鉴定委托书；

（五）鉴定机构认为属于该机构业务范围的，向当事人发送缴费通知，认为不属于该机构业务范围的，及时反馈退回，调解组织重新组织选定鉴定机构；

（六）当事人缴纳鉴定费用；

（七）调解组织向鉴定机构提交鉴定所需材料；

（八）鉴定机构在线鉴定或者线下完成鉴定并上传鉴定意见；

（九）当事人对鉴定意见发表意见；

（十）调解组织对鉴定意见进行评价；

（十一）因鉴定材料不足、鉴定标准错误等原因确需补充鉴定的，调解组织可以要求鉴定机构补充鉴定或者委托其他鉴定机构重新鉴定。

第二十四条 调解组织对所受理的道路交通事故损害赔偿纠纷进行调解，录入纠纷相关数据并记录调解过程及达成的调解协议或者调解结果。

当事人达成调解协议并当场履行完毕的，纠纷了结；达成调解协议未当场履行的，当事人可以通过道交纠纷网上一体化处理平台申请一键理赔或者申请法院进行司法确认；未达成调解协议的，当事人可以通过道交纠纷网上一体化处理平台在线提起诉讼。

第二十五条 经道交纠纷网上一体化处理平台调解的，无论是否达成调解协议，调解组织应在线制作和保存电子档案，并妥善保管纸制卷宗。

第二十六条 经调解达成协议的，各方当事人可以依法自调解协议生效之日起三十日内，通过道交纠纷网上一体化处理平台在线申请司法确认。

第二十七条 人民法院受理司法确认申请后，应当及时依法对调解协议进行审查，必要时可以向调解组织核实有关情况。

第二十八条 人民法院审查后，认为调解协议符合法律规定的，依法出具民事裁定书，确认调解协议有效；认为调解协议不符合法律规定的，裁定驳回申请，当事人可以通过调解方式变更原调解协议或者达成新的调解协议，也可以向人民法院提起诉讼。

第二十九条 司法确认案件应当在线制作保存电子卷宗，并依法定程序进行归档。

第三十条 人民法院在线收到当事人有关纠纷立案材料后，应当就以下内容进行审查：

（一）审查起诉。依法审查起诉状、当事人身份、诉讼请求及事实和理由、管辖权问题等。确认受理的，应当及时将有关诉讼信息上传至道交纠纷网上一体化处理平台，由平台传递给公安机关交通管理部门，公安机关交通管理部门根据诉讼信息将事故复核信息反馈给受诉人民法院。

（二）查看证据。当事人在起诉时除调解阶段导入或者录入的相关证据材料外，还可以补充上传相关证据，填写证据清单；审查发现当事人遗漏主要证据的，可提示当事人补充上传。

（三）确认送达方式。确认当事人是否已按规定向法院提供电子邮箱和其他送达方式。

第三十一条 为保障在线诉讼顺利进行，人民法院在开庭前应当做好送达有关诉讼文书、确定诉讼参加人等庭前准备工作。

第三十二条 根据案件情况，人民法院开庭前可以调解的，依法采取调解方式及时解决纠纷。

第三十三条 道路交通事故损害赔偿纠纷在线诉讼原则上应采取在线审理的方式，并在线进行庭审录音录像。

第三十四条 鼓励人民法院积极探索要素式裁判文书，努力实现案件裁判文书的在线生成与电子签章。

第三十五条 道路交通事故损害赔偿纠纷在线诉讼鼓励当庭宣判，并按照当事人选择的电子送达方式送达有关文书。当庭宣判之日或定期宣判之日即为送达之日。邮寄送达的，当事人签收之日为送达之日。人民法院在线作出司法裁判并送达当事人后，应及时上传有关裁判文书等诉讼信息。

第三十六条 经人民法院审理结案的案件，应在线制作保存电子卷宗，并依法定程序进行归档。

第三十七条 达成调解协议、司法确认或者在线诉讼完成后，由当事人或者调解员帮助当事人通过道交纠纷网上一体化处理平台在线申请保险公司一键理赔。

第三十八条 当事人就调解协议以及裁判文书申请保险公司一键理赔，保险公司未能在合理期限内及时理赔的，人民法院可以通过道交纠纷网上一体化处理平台向保险监管机构提出司法建议，由保险监管机构依法采取相应的监管措施。

第六章 组织保障

第三十九条 人民法院、公安机关交通管理部门、司法行政机关、保险监管机构应当加强对道交纠纷网上一体化处理工作的组织领导，强化协同合作，加强制度建设，推动道交纠纷网上一体化处理机制的落实。

第四十条 人民法院、公安机关交通管理部门、司法行政机关、保险监管机构以及保险行业协会应当加强对审判人员、交通警察、调解员、鉴定人等工作人员的业务培训，确保熟练掌握道交纠纷网上一体化处理业务流程。

第四十一条 人民法院、公安机关交通管理部门、司法行政机关和保险监管机构应当加强督查指导，完善考核评价体系，将工作情况纳入年度考核内容，并对表现突出的部门和人员予以奖励。

第四十二条 人民法院、公安机关交通管理部门、司法行政机关、保险监管机构、保险行业协会应当鼓励和引导当事人选择道交纠纷网上一体化处理机制解决纠纷。保险监管机构、保险行业协会应当督促和引导保险公司在投保提示、索赔告知书、投诉处理告知书及保险合同中添加通过道交纠纷网上一体化处理机制解决纠纷的内容，保险监管机构应当在投诉处理告知书中添加通过道交纠纷网上一体化处理机制解决纠纷的内容。

第四十三条 人民法院、公安机关交通管理部门、司法行政机关、保险监管机构应当加大宣传力度，广泛开展宣传教育，将道交纠纷网上一体化处理机制纳入法律宣传活动体系，提升纠纷当事人以及社会公众对道交纠纷网上一体化处理机制的知晓度和信任度，增进社会公众对道交纠纷网上一体化处理工作的参与度，形成有利于推进道交纠纷网上一体化处理机制改革工作的良好氛围。

第七章　附　则

第四十四条 机动车在道路以外通行发生的事故，公安机关交通管理部门接到报案并处理的，当事人对事故损害赔偿有争议的，可以参照本规定通过道交纠纷网上一体化处理机制处理。

第四十五条 本规范自 2018 年 10 月 1 日起施行。

最高人民法院
关于进一步深化司法公开的意见

2018 年 11 月 20 日　　　　　　　　法发〔2018〕20 号

加强司法公开是落实宪法法律原则、保障人民群众参与司法的重大举措，是深化司法体制综合配套改革、健全司法权力运行机制的重要内容，是推进全面依法治国、建设社会主义法治国家的必然要求。党的十八大以来，以习近平同志为核心的党中央高度重视司法公开工作，党的十八届三中、四中全会将推进司法公开，构建开放、动态、透明、便民的阳光司法机制作为全面深化改革和全面依法治国的重要任务，作出一系列重大部署。人民法院坚决贯彻落实党中央决策部署，紧紧围绕"努力让人民群众在每一个司法案件中感受到公平正义"的工作目标，推进司法公开达到前所未有的广度和深度，取得显著成效。目前，司法公开规范化、制度化、信息化水平显著提升，审判流程公开、庭审活动公开、裁判文书公开、执行信息公开四大平台全面建成运行，开放、动态、透明、便民的阳光司法机制已经基本形成，在保障人民群众知情权、参与权、表达权和监督权，促进提升司法为民、公正司法能力以及弘扬法治精神、讲好中国法治故事等方面发挥了重要作用。司法公开是新时代法治中国建设的生动实践，已经成为我国在开展国际司法交流合作中的一张亮丽名片。

党的十九大明确提出深化依法治国实践、深化司法体制综合配套改革的重大任务，并对深化权力运行公开作出新的重大部署，强调“要加强对权力运行的制约和监督，让人民监督权力，让权力在阳光下运行，把权力关进制度的笼子”，为人民法院进一步深化司法公开指明了方向，提出了新的更高要求。为深入学习贯彻习近平新时代中国特色社会主义思想和党的十九大精神，贯彻落实党中央关于推进司法公开的一系列重大决策部署，总结司法公开工作经验，巩固党的十八大以来司法公开工作取得的成果，推动开放、动态、透明、便民的阳光司法机制更加成熟定型，实现审判体系和审判能力现代化，促进新时代人民法院工作实现新发展，现对进一步深化司法公开工作提出以下意见。

一、总体要求

1. 指导思想。坚持以习近平新时代中国特色社会主义思想为指导，全面贯彻党的十九大和十九届一中、二中、三中全会精神，紧紧围绕“努力让人民群众在每一个司法案件中感受到公平正义”的工作目标，高举新时代改革开放旗帜，进一步深化司法公开，不断拓展司法公开的广度和深度，健全完善司法公开制度机制体系，优化升级司法公开平台载体，大幅提升司法公开精细化、规范化、信息化水平，推进建设更加开放、动态、透明、便民的阳光司法机制，形成全面深化司法公开新格局，促进实现审判体系和审判能力现代化，大力弘扬社会主义核心价值观，促进增强全民法治意识，讲好中国法治故事，传播中国法治声音。

2. 基本原则。

（1）坚持主动公开。深刻领会习近平总书记提出的“让暗箱操作没有空间，让司法腐败无法藏身”重要指示要求，充分认识深化司法公开工作的重大意义，进一步增强主动接受监督意识，真正变被动公开为主动公开，继续健全完善阳光司法机制，努力让正义不仅要实现，还要以看得见的方式实现。

（2）坚持依法公开。严格履行宪法法律规定的公开审判职责，切实保障人民群众参与司法、监督司法的权利。严格执行法律规定的公开范围，依法公开相关信息，同时要严守国家秘密、审判秘密，保护当事人信息安全。尊重司法规律，明确司法公开的内容、范围、方式和程序，确保司法公开工作规范有序开展。

（3）坚持及时公开。严格遵循司法公开的时效性要求，凡属于主动公开范围的，均应及时公开，不得无故延迟。有明确公开时限规定的，严格在规定时限内公开。没有明确公开时限要求的，根据相关信息性质特点，在合理时间内公开。

（4）坚持全面公开。以公开为原则、以不公开为例外，推动司法公开覆盖人民法院工作各领域、各环节。坚持程序事项公开与实体内容公开相结合、审判执行信息公开与司法行政信息公开相结合、通过传统方式公开与运用新媒体方式公开相结合，最大限度保障人民群众知情权、参与权、表达权和监督权。

（5）坚持实质公开。紧紧围绕人民群众司法需求，依法及时公开当事人和社会公众最关注、最希望了解的司法信息，切实将司法公开重心聚焦到服务群众需求和保障公众参与上来。不断完善司法公开平台的互动功能、服务功能和便民功能，主动回应社会关切，努力把深化司法公开变成人民法院和人民群众双向互动的过程，让司法公开成为密切联系群众的桥梁纽带。

二、进一步深化司法公开的内容和范围

3. 全面拓展司法公开范围。尊重司法活动规律，根据四级法院职能定位，进一步明确司法公开的内容和范围。对涉及当事人合法权益、社会公共利益，需要社会广泛知晓的司法信息，应当纳入司法公开范围，根据其性质特点，区分向当事人公开或向社会公众公开。对于人民法院基本情

况、审判执行、诉讼服务、司法改革、司法行政事务、国际司法交流合作、队伍建设等方面信息，除依照法律法规、司法解释不予公开以及其他不宜公开的外，应当采取适当形式主动公开。

4. 深化人民法院基本信息公开。人民法院应当主动公开以下基本信息，坚持动态更新，保证准确、清晰、易获取，方便人民群众及时、准确了解掌握。

（1）机构设置；

（2）司法解释；

（3）指导性案例；

（4）规范性文件；

（5）向同级人民代表大会所作的工作报告；

（6）重要会议、重大活动和重要工作等动态信息；

（7）其他需要社会广泛知晓的基本信息。

5. 深化审判执行信息公开。人民法院应当主动公开以下审判执行信息，逐步推进公开范围覆盖审判执行各领域，健全完善审判执行信息公开制度规范，促进统一公开流程标准，确保审判执行权力始终在阳光下运行。

（1）司法统计信息；

（2）审判执行流程信息；

（3）公开开庭审理案件的庭审活动；

（4）裁判文书；

（5）重大案件审判情况；

（6）执行工作信息；

（7）减刑、假释、暂予监外执行信息；

（8）企业破产重整案件信息；

（9）各审判执行领域年度工作情况和典型案例；

（10）司法大数据研究报告；

（11）审判执行理论研究、司法案例研究成果；

（12）其他涉及当事人合法权益、社会公共利益或需要社会广泛知晓的审判执行信息。

6. 深化诉讼服务信息公开。人民法院应当主动公开以下诉讼服务信息，着力提升诉讼服务信息获取的便捷性，提高诉讼服务水平，切实方便当事人诉讼。

（1）诉讼指南；

（2）人民法院公告；

（3）司法拍卖和确定财产处置参考价相关信息；

（4）司法鉴定、评估、检验、审计等专业机构、专业人员信息，破产管理人信息，暂予监外执行组织诊断工作信息，专家库信息；

（5）特邀调解员、特邀调解组织、驻点值班律师、参与诉讼服务的专家志愿者等信息；

（6）申诉信访渠道；

（7）其他涉及当事人合法权益、社会公共利益或需要社会广泛知晓的诉讼服务信息。

7. 深化司法改革信息公开。人民法院应当主动公开以下司法改革信息，提高司法改革工作透明度，增强人民群众对司法改革的获得感。

（1）人民法院司法改革文件；

（2）人民法院重大司法改革任务进展情况；

（3）人民法院司法改革典型案例；

（4）其他需要社会广泛知晓的司法改革信息。

8. 深化司法行政事务信息公开。人民法院应当主动公开以下司法行政事务信息，及时回应社会关切，自觉接受社会监督，切实提高司法行政事务办理的透明度和规范化水平。

（1）涉及社会公共利益或社会关切的人大代表议案建议和政协提案办理情况；

（2）部门预算、决算公开说明；

（3）人民法院信息化技术标准；

（4）其他需要社会广泛知晓的司法行政事务信息。

9. 深化国际司法交流合作信息公开。人民法院应当主动公开以下国际司法交流合作信息，加强司法文明交流互鉴，充分展示中国法院良好国际形象，促进提升我国司法的国际竞争力、影响力和公信力。

（1）人民法院开展的重要国际司法交流合作活动情况；

（2）人民法院举办和参与重要国际司法会议情况；

（3）其他需要社会广泛知晓的国际司法交流合作信息。

10. 深化队伍建设信息公开。人民法院应当主动公开以下队伍建设信息，为社会公众知晓、参与和监督人民法院队伍建设工作提供便利。

（1）党的建设情况；

（2）人事工作情况；

（3）纪检监察信息；

（4）先进典型信息；

（5）教育培训工作情况；

（6）司法警察工作情况；

（7）法院文化建设情况；

（8）其他需要社会广泛知晓的队伍建设情况。

11. 建立完善司法公开内容动态调整制度。根据党中央和最高人民法院关于司法公开工作的部署要求，结合社会公众关切和人民法院实际，按年度明确司法公开工作重点，动态调整更新司法公开内容，稳步有序拓展司法公开范围。

12. 推进司法公开规范化标准化建设。最高人民法院要健全完善司法公开制度规范体系，围绕人民法院工作重点领域、关键环节和人民群众关注的重要司法信息，总结各地法院工作经验，加强司法公开规范化标准化建设，积极研究出台相关技术标准和操作规程，强化对下监督和分类指导，不断提升司法公开质效。各高级人民法院要指导推进本辖区司法公开规范化标准化建设工作。

三、完善和规范司法公开程序

13. 健全司法公开形式。司法公开形式应当因地制宜、因事而定、权威规范、注重实效，便于公众及时准确获取，坚决防止形式主义。最高人民法院就司法公开形式有统一要求的，应当按照相关要求进行公开。鼓励基层人民法院探索行之有效、群众喜闻乐见的司法公开形式。结合实际，可以通过以下载体进行公开：

（1）报刊、广播、电视、网络等公共媒体；

（2）依照《人民法院法庭规则》开放旁听或报道庭审活动；

（3）人民法院公报、公告、规范性文件或其他正式出版物；

（4）人民法院政务网站或其他权威网站平台；

（5）新闻发布会、听证会、论证会等；

（6）人民法院官方微博、微信公众号、新闻客户端等新媒体；

（7）人民法院诉讼服务大厅、诉讼服务网、12368 诉讼服务热线、移动微法院等诉讼服务平台；

（8）其他便于及时准确获取的方式。

14. 畅通当事人和律师获取司法信息渠道。仅向当事人或利害关系人公开的信息，必须严格依照相关诉讼法及有关规定公开，不得向社会公开发布。在确保信息安全前提下，可以充分运用信息化手段为当事人或利害关系人获取司法信息提供便利。大力加强律师服务平台建设，为律师依法履职提供便利，更好发挥律师在促进司法为民、公正司法中的重要作用。

15. 明确司法公开责任主体。按照属地管理、归口管理、分级负责的原则，明确各项司法公开内容的责任主体，负责办理司法公开事项、管理公开内容，并对其合法性、完整性、准确性、时效性、安全性负责。建立健全司法公开协调机制，公开内容涉及多个人民法院、人民法院多个内设机构或者其他单位的，应当经协调一致后予以公开，确保司法公开信息准确完整。

16. 完善司法公开流程和管理机制。建立健全司法公开工作机制，完善工作流程，明确管理责任，规范有序推进司法公开工作。各部门提出拟公开事项，应对具体公开内容进行核实把关，需要审批的经履行审批程序后予以公开。建立健全公开重大敏感事项前的风险评估机制。建立健全社会关注热点的跟踪回应机制，加强司法公开政策解读工作，切实回应社会关切和群众司法需求。对于社会舆论因不了解情况产生模糊认识或错误看法的，要主动发布权威信息，澄清事实、释疑解惑。司法公开平台载体的管理者、运营者以及其他相关责任主体，依职权对拟在其平台载体上公开的事项，履行好编辑把关责任和日常监测管理责任。

17. 严格落实司法公开保密审查机制。建立健全司法公开保密审查机制。承办司法公开事项时应当同步进行保密审查，加强对国家秘密、审判秘密、商业秘密、公民隐私权和个人信息安全的保护，实现依法公开与保守秘密的有机统一。属于司法公开内容范围的，严格按照人民法院工作国家秘密范围或已定密事项开展定密工作，不得随意扩大定密范围。

四、加强司法公开平台载体建设管理

18. 加强人民法院公报、白皮书工作。充分发挥公报作为各类重要司法信息标准文本和权威载体的作用，及时准确刊登重要法律文献、司法解释、司法文件、司法统计、典型案例等重要司法信息。积极推进历史公报数字化工作，建立完善覆盖全面的人民法院公报数据库，提供开放在线服务。重点围绕服务大局、司法为民、公正司法的重要司法政策、重大司法举措以及重要审判工作情况，扎实做好白皮书编写、制作、发布和宣传工作，切实增强白皮书权威性、规范性和可读性。对于具有重要影响的白皮书，加大宣传推介力度，推进多语言译制工作，提高人民法院白皮书的传播力、影响力。

19. 加强人民法院政务网站建设管理。主动适应信息技术发展、传播方式变革趋势，提高人民法院政务网站服务司法公开、回应社会关切、弘扬法治精神的能力，努力将人民法院政务网站建设成为及时、准确、规范、高效的司法公开平台、互动交流平台和公共服务平台。加强政务网站内容建设和规范管理，强化信息发布更新，及时归并或关闭内容更新没有保障的栏目版块，避免因内容更新不及时、信息发布不准确、意见建议不回应影响司法公开效果。

20. 加强全国法院政务网站建设统筹。编制完善全国法院政务网站发展指引，明确四级法院政务网站功能定位和内容建设要求，分级统一相关技术标准。推进全国法院政务网站集约化建设，将确实缺乏可靠人力、财力和机制保障的基层人民法院网站迁移到上级人民法院网站技术平台统一运营或向安全可控的云服务平台迁移，避免重复建设，保证技术安全。加强各级人民法院政务网站间的协同联动，推进全国法院政务网站群建设，促进资源整合共享，形成一体化司法公开服务网络，增强人民法院政务网站传播效果。

21. 进一步深化司法公开四大平台建设。深化中国审判流程信息公开网建设，全面落实通过互联网公开审判流程信息的规定，完善相关业务规范和技术标准，推进网上办案数据自动采集，推动实现审判流程信息精准推送。扩大庭审公开范围，推进庭审网络直播工作，通过对更多案件特别是有典型意义的案件进行网络直播，主动接受社会监督，促进提升司法能力，深入开展法治教育。加大裁判文书全面公开力度，严格不上网核准机制，杜绝选择性上网问题，规范上网裁判文书管理，加强裁判文书数据资源研究利用。加大执行信息公开力度，拓展执行信息公开范围，推动完善“一处失信、处处受限”信用惩戒大格局，强化公开、透明、规范执行，促进执行工作高水平运行。加大司法公开四大平台建设整合力度，注重用户体验，优化平台功能，完善程序制度，更加重视移动互联时代新特点，促进平台从单向披露转为多向互动，让诉讼活动更加透明、诉讼结果更可预期。

22. 充分发挥现代信息技术促进司法公开作用。全力推动智慧法院由初步形成向全面建设迈进，逐步实现全业务网上办理、全流程依法公开、全方位智能服务。探索大数据、云计算、人工智能、区块链等现代信息技术在司法公开中的深度应用，推动实现司法信息自动生成、智能分析、全程留痕、永久可追溯等功能，进一步提高司法公开自动化信息化智能化水平。深入开展司法大数据挖掘研究和拓展应用，推进全国法院全面实现电子卷宗随案同步生成和深度应用工作，加强中国司法大数据研究院建设，深化司法大数据研究成果转化利用。大力加强网络安全建设，切实维护人民法院信息数据安全。

23. 增强司法公开平台服务民族地区群众和对外宣传功能。加强最高人民法院、民族地区人民法院政务网站和其他重要司法公开平台的民族语言版块建设，积极推进重要司法公开内容的民族语言译制工作，切实保障民族地区群众参与司法、监督司法的权利，更好满足民族地区群众司法需求。加强最高人民法院政务网站、国际商事法庭网站等司法公开平台的外文版建设，强化对外宣传服务功能。海事法院和对外交往频繁、涉外案件较多的法院根据自身条件，推进司法公开平台外文版或外文版块建设，开展多语言译制和对外宣传推介工作。

24. 加强与新闻媒体的良性互动。进一步畅通与新闻媒体的合作渠道，充分运用新闻媒体资源，主动接受舆论监督。加强人民法院新闻发布工作，建立完善人民法院新闻发言人制度，健全优秀新闻发言人培养选拔机制。逐步建立覆盖全国法院的例行新闻发布制度，完善和规范新闻发布流程标准，及时权威发布人民法院工作重大举措和社会关注热点案件等重要司法信息。

25. 加强人民法院自有媒体建设和新闻宣传工作。加强人民法院自有传统媒体和新媒体平台的建设管理，促进传统媒体与新媒体融合发展，充分运用各类新媒体平台，拓宽司法公开渠道，提升司法公开效果。加强新时代人民法院新闻舆论宣传工作，自觉承担起举旗帜、聚民心、育新人、兴文化、展形象的使命任务，牢牢把握正确舆论导向，充分展现法治中国建设和司法事业发展重大成就，广泛传播社会正能量。

五、强化组织保障

26. 落实司法公开工作责任制。各级人民法院要将司法公开工作列入重要议事日程，建立健全司法公开工作责任制，加强组织领导，统筹协调推进，进一步提升司法公开保障水平。各级人民法院院长承担本单位司法公开领导责任，每年至少听取一次司法公开工作汇报，研究部署和督促落实深化司法公开重点工作。细化实化各责任部门工作职责，严格按照职责权限落实具体责任，推动司法公开工作不断向纵深发展。

27. 完善评估督导和示范引领机制。健全司法公开工作成效评估机制，纳入人民法院绩效考核体系，加强对司法公开准确性及时性全面性、平台载体建设、制度落实情况、群众满意度等方面的评估。完善司法公开工作督导制度，加大上级法院对下监督指导力度，督促落实司法公开工作责任制，确保深化司法公开各项政策举措落地见效。发挥司法公开示范法院典型引领作用，逐步扩大示范法院范围，总结推广示范法院先进经验，引领全国法院司法公开工作持续向更大范围、更高层次和更深程度推进。

28. 加强司法公开业务培训。坚持需求导向，开展司法公开培训交流，加强司法公开政策理论学习和业务能力锻炼。将司法公开业务培训纳入国家法官学院及其分院等培训规划和常态化培训课程。人民法院领导干部要准确把握司法公开新部署新要求，切实提高站位，及时更新理念，增强运用司法公开推动法院工作的本领，提高在信息时代背景下解读司法政策、回应社会关切能力。

29. 加强司法公开调查研究。扎实开展司法公开实践调研和理论研究，准确把握人民群众对深化司法公开工作的新要求新期待。注重总结司法公开实践好经验好做法，提炼规律性认识，促进形成高质量理论研究成果和制度转化成果。坚持问题导向，着力解决制约司法公开优化升级的深层次问题，立足中国司法实际积极吸收借鉴域外司法公开理论成果和实践经验，深入推进司法公开理论创新、制度创新和实践创新。

30. 健全司法公开监督体系。拓宽司法公开监督渠道，畅通民意沟通表达机制，自觉接受人大监督、民主监督、检察机关诉讼监督和社会各界监督。充分发挥司法公开平台的监督和互动功能，建立健全意见建议、监督投诉的收集、分析、转化和反馈机制，认真汲取人民群众提出的意见建议，及时研究解决反映的重大问题，主动公布采纳建议、解决问题等情况，更好加强和改进人民法院工作。

31. 加强法治宣传教育。加强司法公开工作宣传，引导当事人和社会公众正确认识司法公开，更好掌握获取司法公开信息的途径方法，确保人民法院深化司法公开的政策、举措、成效为公众知悉、受公众检验、被公众认可。严格落实“谁执法谁普法”的普法责任制，通过多种形式的司法公开工作，进一步传播宪法法律知识，增强全民法治观念，大力弘扬社会主义核心价值观，推进法治国家、法治政府、法治社会一体建设。

各级人民法院要充分认识进一步深化司法公开工作的重大意义，切实把思想和行动统一到党中央决策部署上来，认真落实本意见要求，进一步明确本辖区本单位司法公开重点任务，制定实施办法，细化具体措施，狠抓工作落实，推动形成全面深化司法公开新格局，奋力推进新时代人民法院工作实现新发展。

最高人民法院
关于在部分法院推进“移动微法院”试点工作的通知

2019 年 3 月 19 日　　　　　　　　法〔2019〕61 号

各省、自治区、直辖市高级人民法院，新疆维吾尔自治区高级人民法院生产建设兵团分院：

为贯彻落实习近平新时代中国特色社会主义思想和党的十九大部署的司法体制改革任务，抓好《最高人民法院关于深化人民法院司法体制综合配套改革的意见——人民法院第五个五年改革纲要（2019—2023）》（法发〔2019〕8 号）落地落实，创新司法便民机制，拓展电子诉讼应用，提升审判执行效能，最高人民法院决定将“移动微法院”试点范围从浙江省扩大至北京、河北、辽宁、吉林、上海、福建、河南、广东、广西、四川、云南、青海 12 个省（区、市）辖区内法院。为确保试点工作稳妥有序推进，现就有关事项通知如下：

一、最高人民法院制定了《关于进一步推进“移动微法院”试点工作的方案》（以下简称“试点方案”、附后），试点地区高级人民法院应当严格按照试点方案要求，积极稳妥、扎实有序推进辖区法院试点工作。

二、试点工作要严格遵守民事诉讼法及相关法律法规，充分保障诉讼参与人各项诉讼权益，不得擅自调整适用相关法律。

三、各试点法院要高度重视系统和数据安全，健全风险防控机制，完善配套保密措施，确保平台系统和司法数据安全。

四、试点地区高级人民法院要加强对试点工作的统筹管理、跟踪指导和评估问效，及时向我院报告试点工作中发现的新情况、新问题。

五、为避免重复建设和资源浪费，尚未纳入试点的地区暂不开展与移动微法院相同或类似的平台研发建设。待试点全面推开后，再根据最高人民法院统一部署有序开展相关工作。

附件：

关于推进“移动微法院”试点工作的方案

为深入贯彻党的十九大、十九届二中、三中全会和中央政法工作会议精神，坚持以人民为中心的发展思想，进一步提升人民法院审判执行信息化水平，充分满足人民群众多元化司法需求，根据《最高人民法院关于深化人民法院司法体制综合配套改革的意见——人民法院第五个五年改革纲要（2019—2023）》（法发〔2019〕8号）和《人民法院信息化建设五年发展规划（2018—2022）》（法〔2018〕105号），就进一步推进“移动微法院”试点工作，制定以下方案。

一、主要目标

总结推广浙江省宁波市等地区“移动微法院”试点改革经验，充分利用我国移动互联网普及应用先发优势，搭建移动互联网审判执行工作平台，健全配套诉讼服务体系。探索利用移动互联网技术推进案件繁简分流、深化审判执行信息公开、促进矛盾纠纷多元化解的创新做法，进一步提升电子诉讼在全国法院的覆盖范围、适用比例和应用水平，促进审判执行工作与互联网技术深度融合，有效提升司法质量、效率和公信力。

二、工作原则

（一）便民利民。坚持以人民群众司法需求为导向，积极利用“移动微法院”提供高效、便捷、完备的司法服务，确保“移动微法院”各项功能好用、管用、实用。依托信息化手段完善司法机制、扩大司法公开、提升司法效率，增强人民群众获得感。

（二）合法自愿。充分尊重人民群众意愿，切实维护和保障各项诉讼权益，严格遵守民事诉讼法及相关法律规定，不得强制诉讼参与人接受移动在线诉讼方式。

（三）积极稳妥。坚持立足各地审判执行工作和信息化建设实际情况，积极稳妥、分步有序推进试点工作，逐步完善平台功能，提高应用水平，避免一哄而上、各自为战、重复开发和资源浪费。

三、试点范围

（一）地域范围。试点范围为北京市、河北省、辽宁省、吉林省、上海市、浙江省、福建省、河南省、广东省、广西壮族自治区、四川省、云南省、青海省辖区内所有法院（含专门人民法院）。

（二）案件范围。“移动微法院”项目适用于试点法院受理的民商事第一审、第二审和执行案件，但涉及国家秘密、商业秘密、个人隐私或者法律规定应当保密的案件除外。

四、试点内容

（一）建设移动端诉讼平台。依托微信小程序等技术手段，搭建移动端诉讼平台，实现审判执行系统与移动诉讼平台的有效对接。

（二）支持移动端在线诉讼。通过“移动微法院”诉讼平台，支持依托移动端以在线方式完成案件的起诉、受理、送达、调解、证据交换、庭审、宣判、执行等诉讼环节，辅助当事人和法官在线开展诉讼和办理案件，探索完善线上线下相融合的新型案件审理模式。

（三）完善在线诉讼服务。依托“移动微法院”，拓展诉讼服务范围，优化服务方式，提供诉讼费用在线交纳、诉讼事项在线申请、审判执行信息在线查询、诉讼事务在线沟通、法律法规在线检索、诉讼风险在线提示等多重功能。

五、试点期限

试点工作自 2019 年 4 月 1 日陆续开始，期限一年。

六、工作步骤

（一）完成总平台建设。最高人民法院统一建设“移动微法院”总入口及用户管理平台，并于 2019 年 4 月 1 日前完成。

（二）完成分平台建设。相关高级人民法院按照相关要求和技术规范，最迟应于 2019 年 9 月底前完成分平台建设，并统筹指导辖区法院完成“移动微法院”与现有审判、执行系统的有效对接，做好运行前的测试准备等工作。

（三）投入实际运行。2019 年 4 月 1 日开始，完成“移动微法院”分平台建设的法院，正式上线运行。

（四）开展评估验收。试点地区高级人民法院应在 2019 年 11 月底前，开展阶段性总结评估，并将评估情况报最高人民法院。最高人民法院将根据试点评估、验收情况，研究确定推广方案。

七、工作要求

（一）加强组织领导。试点地区高级人民法院要高度重视“移动微法院”建设试点工作，发挥好统筹协调、组织实施、督查指导作用。结合实际制定工作方案，明确责任分工，统筹掌握工作进度，确保试点工作平稳有序推进。

（二）健全制度规范。试点地区高级人民法院要按照试点方案要求，结合本辖区实际情况，制定实施细则和操作规程，建立健全“移动微法院”相关管理规定。各试点法院要高度重视系统和数据安全问题，加强监督管理，完善制度规范，做好风险防控。

（三）强化保障措施。试点地区高级人民法院要指导试点法院做好各类系统的接口对接工作，根据试点法院办案量实际情况，做好前期调试和试运行，确保平台安全稳定有效。各试点法院要积极争取党委政府支持，提高技术、经费、人员等方面保障水平。

（四）强化评估考核。试点地区高级人民法院要结合区域特点和试点法院工作实际，定期评估问效，及时反馈总结新情况、新问题，每月将本地“移动微法院”建设进展情况报最高人民法院备案。建立健全监督、反馈、激励机制，将“移动微法院”建设应用情况纳入考核，推动各项工作任务落到实处。

（五）加强宣传普及。各试点法院要加强“移动微法院”功能、成效的宣传工作，积极营造社会关注、有效普及、广泛使用的良好氛围。健全程序应用、指引、培训机制建设，引导诉讼参与人有效利用，提高“移动微法院”应用水平。

最高人民法院
关于建设一站式多元解纷机制一站式诉讼服务中心的意见

2019年7月31日　　法发〔2019〕19号

为深化司法体制综合配套改革，全面建设现代化诉讼服务体系，进一步增强人民法院解决纠纷和服务群众的能力水平，现就建设一站式多元解纷机制、一站式诉讼服务中心，提出如下意见。

一、总体要求

1. 坚持以习近平新时代中国特色社会主义思想为指导，深入贯彻落实习近平总书记全面依法治国新理念新思想新战略，坚持党对人民法院工作的绝对领导，坚持司法为民、公正司法，全面建设集约高效、多元解纷、便民利民、智慧精准、开放互动、交融共享的现代化诉讼服务体系，推动纠纷解决和诉讼服务理念更新、机制变革，实现一站式多元解纷、一站式诉讼服务，努力让人民群众在每一个司法案件中感受到公平正义。

2. 坚持以人民为中心。加大司法便民利民惠民工作力度，为人民群众提供丰富快捷的纠纷解决渠道和一站式高品质的诉讼服务，全方位提升人民群众的获得感、幸福感、安全感。

3. 坚持法治保障。在法治轨道上统筹各方面资源力量参与社会治理活动，化解矛盾纠纷，强化司法对多元化纠纷解决机制的保障作用，促进全社会形成办事依法、遇事找法、解决问题用法、化解矛盾靠法的良好法治环境。

4. 坚持问题导向和需求导向。聚焦突出矛盾问题，满足多元司法需求，推动形成分层递进、繁简结合、衔接配套的一站式多元解纷机制，加快建设立体化集约化信息化的一站式诉讼服务中心，增强多元解纷和诉讼服务的精准性、协同性、实效性。

5. 坚持改革创新。落实党中央关于司法体制综合配套改革的决策部署，加强联动融合，重塑诉讼格局，提升程序效能，形成符合中国国情、体现司法规律、引领时代潮流的中国特色纠纷解决和诉讼服务新模式。

6. 到 2020 年底，全国法院一站式多元解纷机制基本健全，一站式诉讼服务中心全面建成。普遍开通网上立案功能，全面推行跨域立案服务。中级、基层人民法院建立由多数法官办理少数疑难复杂案件，少数法官解决多数简单案件的工作格局。

二、工作措施

7. 主动融入党委和政府领导的诉源治理机制建设。切实发挥人民法院在诉源治理中的参与、推动、规范和保障作用，推动工作向纠纷源头防控延伸。主动做好与党委政府创建“无讼”乡村社区、一体化矛盾纠纷解决中心、行政争议调解中心工作对接，支持将诉源治理纳入地方平安建设考评体系。加强对非诉讼方式解决纠纷的支持、指导和规范。强化人民法庭就地预防化解矛盾纠纷功能，主动融入基层解纷网络建设，做好与基层党组织、政法单位、自治组织的对接。普遍建立诉讼服务站、法官联络点，加强巡回服务、上门服务，为辖区内基层自治组织解决纠纷提供培训指导，从源头上减少矛盾纠纷。强化司法大数据对矛盾风险态势发展的评估和预测预警作用，提前防控化解重大矛盾风险。

8. 完善诉前多元解纷联动衔接机制。联合有关部门出台推进多元解纷文件，加强与调解、仲裁、公证、行政复议的程序衔接，健全完善行政裁决救济程序衔接机制。畅通与工会、共青团、妇联、法学会、行政机关、仲裁机构、公证机构、行业协会、行业组织、商会等对接渠道，加强数据协同共享，指派专人开展联络工作。促进建立调解前置机制，发挥人民调解、行政调解、律师调解、行业调解、专业调解、商会调解等诉前解纷作用。加强调解协议司法确认工作，进一步完善司法确认程序，探索建立司法确认联络员机制，推动司法确认全面对接人民调解等线上平台，实现人民调解司法确认的快立快办。

9. 建设类型化专业化调解平台。根据地区纠纷类型和特点，在诉讼服务中心按需建立婚姻家庭、道路交通、物业纠纷、劳动争议、医疗纠纷、银行保险、证券期货、知识产权、涉侨涉外等专业化调解工作室。支持工商联和商会组织调解涉企纠纷。鼓励建立以调解员、法官个人命名的调解工作室。推广建立律师调解工作室。健全特邀调解员和特邀调解组织名册，加强对调解人员培训、指导和管理。

10. 完善诉调一体对接机制。促进诉调对接实质化。建立由法官、法官助理、书记员及调解员组成的调解速裁团队，及时做好调解指导，强化诉调统筹衔接，做到能调则调，当判则判。对起诉到法院的纠纷，释明各类解纷方式优势特点，提供智能化风险评估服务，宣传诉讼费减免政策，按照自愿、合法原则，引导鼓励当事人选择非诉讼方式解决纠纷。对能够通过行政裁决解决的，引导当事人依法通过行政裁决解决；对适宜调解且当事人同意的，开展立案前先行调解。调解成功、需要出具法律文书的，由调解速裁团队法官依法办理；调解不成的，调解员应当固定无争议事实，协助做好送达地址确认等工作。明确诉前调解时限，规范调解不成后的立案和繁简分流程序。建立诉前调解案件管理系统，做到逐案登记、全程留痕、动态管理，并将诉前调解工作量纳入考核统计范围。

11. 完善“分调裁审”机制。普遍开展一审案件繁简分流工作，探索二审案件的繁简分流。设立程序分流员负责调裁分流和繁简分流。完善民商事、行政案件繁简分流标准，根据案由、诉讼主体、诉讼请求、法律关系、诉讼程序等要素，确定简案范围。普遍应用系统算法加人工识别，实现精准分流。在诉讼服务中心配备速裁法官或团队，综合运用督促程序、司法确认程序、小额诉讼程序、简易程序、普通程序等，从简从快审理简单案件。建立简案速裁快审配套机制。推进诉讼程序简捷化，实行类案集中办理，建立示范诉讼模式，制作类案文书模板，全面运用智能语音、网上审理等方式，提升审理效率。建立健全程序转换机制，指定专门团队承接简转繁案件办理工作，畅通案件流转渠道。

12. 推动建设应用在线调解平台。全面开展在线调解工作，加快各地法院审判流程管理系统或者自建调解平台与最高人民法院在线调解平台对接，实现本地区解纷资源全部汇聚在网上，做到调解数据网上流转，为当事人提供在线咨询评估、调解、确认、分流、速裁快审等一站式解纷服务。

13. 健全立体化诉讼服务渠道。打造“厅网线巡”为一体的诉讼服务中心，通过诉讼服务大厅、诉讼服务网、移动终端、12368 诉讼服务热线、巡回办理等多种渠道，为当事人提供一站通办、一网通办、一号通办、一次通办的诉讼服务。

14. 加强诉讼服务规范化、标准化建设。以“一次办好”为目标，全面梳理服务项目清单，逐项制定标准化工作规程和一次性办理服务指南，并向社会公开，规范服务流程，提升服务质量，明确权责关系，以标准化促进诉讼服务普惠化、便捷化，推动实现同一诉讼服务事项的无差别受理、同标准办理。

15. 拓展全方位诉讼服务功能。为当事人提供诉讼指引类、便民服务类、诉讼辅助类、纠纷解决类、提高效率类、审判事务类等诉讼服务。设立诉讼引导和辅导区，配备引导员，张贴诉讼事项办理流程图或服务指南二维码，提供类案诉状模板。为检察官、律师、人民调解员、公证员、司法鉴定人员、志愿者等开辟专门通道，设立当事人休息等候区以及检察官、律师办公休息场所，为残疾人士设立无障碍通道和无障碍设施。建设面向社会的普法宣传教育阵地，打造文化诉讼服务中心。

16. 深化案件“当场立、自助立、网上立、就近立”改革。严格落实立案登记制改革要求，对符合受理条件的起诉原则上当场立案。建立立案材料公示清单，按照案由分别公示立案需要的全部材料，推动“一次办结”。普遍推行自助立案服务，安排专人辅导，建立快速办理通道，减少当事人排队等候时间。全面实行网上立案，做到凡是能网上立案的案件，应上尽上。对当事人选择网上立案的，除确有必要现场提交材料外，一律网上办理。对当事人选择现场提交立案申请的，不得强制网上立案。普遍推行跨域立案服务，设立专门服务窗口，建立就近受理申请、管辖权属不变、数据网上流转的联动办理机制，实现就近能立、多点可立、少跑快立。

17. 完善集约化诉讼服务机制。推动将扫描装订、卷宗流转等辅助性、事务性工作集中到诉讼服务中心，实行集约管理。建立集约送达机制，全面应用人民法院统一送达平台。配备专门送达团队，负责预约送达、直接送达、留置送达、邮寄送达、委托送达、转交送达、代收送达、公告送达等送达实施事务。创新保全、委托鉴定集约服务模式。设立保全、委托鉴定统一服务窗口，完善业务标准，推动开展网上保全，优化保全联动机制。加强与司法鉴定管理部门工作衔接，做好与鉴定机构信息系统对接，实现对鉴定工作全程监督。

18. 加强涉诉信访工作。畅通信访渠道，规范网上申诉办理程序，完善四级法院联动视频接访机制，推动实质性解决信访诉求。建立健全党委领导下多部门会商机制，发挥律师等社会第三方参与化解和代理申诉作用，加强数据共享和业务协同，形成信访化解合力。深化涉诉信访信息系统应用，实现与执行申诉信访系统互联互通，对来访来信数据逐件逐次录入、统一管理、全程留痕。

19. 完善内外联动的诉讼服务协作机制。打通人民法院诉讼服务中心与公安检察机关、行政机关、人民团体、行业协会、企业组织、居（村）委会之间的信息渠道，拓展公证参与人民法院司法辅助事务，在送达、调解、鉴定、执行等方面形成工作合力。建立各地法院之间的诉讼服务协作机制，在提交申请、材料收转、文书送达等方面共享信息资源，不断扩大跨域诉讼服务范围。

20. 完善社会化服务机制。将能够由社会第三方辅助完成以及能够外包的服务性工作全部剥离出来，通过购买服务，由社会化专业化团队开展。进一步规范购买社会服务的种类、性质和内容。完善社会力量参与诉讼服务机制，引入专家学者、律师、心理学家、公证员、鉴定员、志愿者等第三方，为人民群众提供多元服务。加强与高校对接，为在校学生参与司法实践活动提供广阔平台。

21. 推动智慧诉讼服务建设。打造依托大数据、云计算、人工智能、物联网等信息技术，贯通大厅、热线、网络、移动端，通办诉讼全程业务的“智慧诉讼服务”新模式。扩展网上服务功能，全面应用中国移动微法院，打通当事人身份认证通道，提供网上引导、立案、交退费、查询、咨询、阅卷、保全、庭审、申诉等一站式服务。加强律师服务平台建设，提供网上立案、查询、阅卷、材料提交、联系法官、证据交换、调解、开庭、代理申诉、申请执行等服务。在诉讼服务大厅配备便民服务一体机等智能化设备。完善 12368 诉讼服务热线智能问答系统。推动“厅网线巡”

服务平台一体化建设，实现信息资源的互联互通、自动关联，为人民群众提供标准一致、数据同源的诉讼服务。深度挖掘立案、调解、速裁、信访等信息资源，开展全数据分析，科学研判各类矛盾纠纷发展态势和审判执行质效情况，为国家治理、社会治理和党委政府决策提供参考。加强诉讼服务网络信息安全防护体系建设，实现内外网信息可靠交换与安全共享。

22. 加大诉讼服务指导中心信息平台建设应用力度。强化诉讼服务指导中心信息平台大数据集成功能。聚焦多元解纷、登记立案、“分调裁审”、审判辅助、涉诉信访五项内容，围绕建机制、定规则、搭平台、推应用四个环节，实现四级法院诉讼服务信息资源自动化汇聚和大数据管理。整合分散、独立的诉讼服务应用系统，统一接入信息平台。做好与审判、执行、信访等系统对接，加强与调解组织、仲裁机构等互联互通，实现案件信息、调解员信息等数据共享。加快推动高级人民法院建立本地区信息平台。建立质效评估体系，实现对各地法院诉讼服务的可视化展示和可量化评估。

三、组织实施

23. 坚持党的领导。在党委及其政法委的领导下，加强与政府等有关部门沟通协调，解决在机构、人员方面的困难，形成稳定的财政投入机制，为购买社会化服务提供经费保障。积极推动相关立法，提供有力制度支持。

24. 加强组织保障。落实一把手负责制。成立本地区工作领导小组，做好重大事项统筹协调工作。加大对诉讼服务场所升级、信息化建设的经费保障力度。明确立案庭（诉讼服务中心）作为诉讼服务事项管理机构的职能定位，实现归口管理。建立各相关部门主动支持、协同配合的工作格局。根据审级、岗位特点建立分类考核制度，将案件办理、立案信访、管理协调及其他事务性工作纳入考核范围。

25. 加强人才队伍保障。配备必要的员额法官和充足的法官助理，开展立案、调解、速裁快审等工作。充实司法辅助人员和聘用制人员，开展诉讼引导、咨询查询、材料收转等辅助性、事务性工作。配备一定数量的司法警察、警务辅助人员和安保人员，负责安全保卫等工作。全面加强司法能力建设，开展类型化培训，提升专业水平。

26. 抓好目标落实。各地法院要根据本意见的目标任务，加快制定本地区落实细则，明确完成时间表、路线图和责任链。上级法院要通过运用信息平台大数据管理功能，开展督导检查、满意度调查等，强化对下检查指导。对落实到位、积极作为的，通报表扬。对工作落后、消极懈怠、进展缓慢的，督促整改。

27. 加大宣传推广。通过报纸杂志、电视网站、微博微信、新闻客户端等各类媒体，全面宣传多元解纷和诉讼服务的典型经验和做法，及时回应社会关切，自觉接受社会监督，广泛凝聚社会共识，营造良好氛围。

最高人民法院
关于新冠肺炎疫情防控期间加强和规范在线诉讼工作的通知

2020年2月14日　　　　　　　　法〔2020〕49号

各省、自治区、直辖市高级人民法院，解放军军事法院，新疆维吾尔自治区高级人民法院生产建设兵团分院：

为深入贯彻习近平总书记关于新冠肺炎疫情防控工作的系列重要指示精神，坚决贯彻落实党中央决策部署，有效防控新冠肺炎疫情，切实保障人民群众生命安全和身体健康，维护当事人合法权益，通过推行在线诉讼为疫情防控提供有力司法保障，确保在线诉讼活动规范有序，现就做好疫情防控期间人民法院在线诉讼相关工作通知如下。

一、各级人民法院要提高政治站位，充分认识疫情防控的重要意义和严峻形势，切实增强责任感和紧迫感，立足审判职能，努力服务和保障疫情防控工作大局。要将深入推进在线诉讼作为坚决打赢防控疫情的人民战争、总体战、阻击战的重要举措，积极依托中国移动微法院、诉讼服务网、12368诉讼服务热线等在线诉讼平台，全面开展网上立案、调解、证据交换、庭审、宣判、送达等在线诉讼活动，有效满足疫情防控期间人民群众司法需求，确保人民法院审判工作平稳有序运行。

二、各级人民法院推进在线诉讼，既要充分考虑案件类型、难易程度、轻重缓急等因素，又要切实维护当事人合法诉讼权益，尊重当事人对案件办理模式的选择权，全面告知在线诉讼的权利义务和法律后果。当事人同意案件在线办理的，应当在信息系统确认、留痕，确保相关诉讼活动的法律效力。当事人不同意案件在线办理，依法申请延期审理的，人民法院应当准许，不得强制适用在线诉讼。案件符合诉讼法律关于中止审理有关规定的，人民法院可以中止诉讼。

三、各级人民法院要积极引导各方诉讼主体依法有序开展在线诉讼活动，大力完善在线办理流程和在线诉讼规程，制定发布内容全面、指引清晰、简便易行的在线诉讼操作指南，相关内容不得突破现行法律和司法解释规定。开展民事诉讼程序繁简分流改革试点工作的法院，应当在全国人大常委会授权范围内，严格按照《最高人民法院关于民事诉讼程序繁简分流改革试点实施办法》（法〔2020〕11号，以下简称《试点实施办法》）推进在线诉讼工作。各高级人民法院要对辖区内法院制定的在线诉讼权利义务告知书、在线诉讼规程、在线诉讼操作指南等进行全面审核，确保相关内容合法、准确、可操作。

四、各级人民法院在线办理案件，要确保各方诉讼参与人身份真实性，通过证件证照比对、生物特征识别、实名手机号码关联等方式在线完成身份认证，提供各方诉讼参与人诉讼平台专用账号，实现“人、案、账号”匹配一致。

五、当事人及其诉讼代理人通过在线方式提交立案申请的，人民法院应当在收到起诉材料后七日内进行审核，符合法律规定起诉条件的，应当登记立案；提交材料不符合要求的，人民法院应当通过在线诉讼平台及时要求补正，并一次性告知应当补正的内容和期限，逾期未补正的，起诉材料作退回处理；不符合起诉条件，经人民法院释明后，原告坚持继续起诉的，裁定或者决定不予受理、不予立案。

当事人及其诉讼代理人在线提交立案材料确有困难的，可以选择就近一家法院提交立案材料。相关人民法院应当按照跨域立案的工作机制和程序，及时办理立案手续。

六、各级人民法院要加大疫情防控期间矛盾纠纷化解力度，依托在线矛盾纠纷多元化调解平台，加强与司法行政部门、律师协会等相关单位的协调配合，进一步整合汇聚人民调解、行政调解、行业调解、律师调解等各方纠纷解决力量，有效促进矛盾纠纷在线化解。要积极完善诉调对接机制，加大对在线纠纷多元化解的司法保障力度。当事人对在线达成的调解协议提出的司法确认申请，符合法律规定的，人民法院应当及时依法确认。

七、当事人及其诉讼代理人通过电子化方式提交诉讼材料和证据材料的，经人民法院审核通过后，可以不再提交纸质原件。当事人及其诉讼代理人采取邮寄等方式提交纸质材料的，人民法院应当及时扫描录入案件办理系统。对提交的纸质原件材料，要及时立卷归档。人民法院应当积极引导当事人及其诉讼代理人提交电子化材料，为其提供平台支撑和技术便利。

八、各级人民法院要积极推广和有序规范在线庭审，综合考虑技术条件、案件情况和当事人意愿等因素，确定是否采取在线庭审方式。民商事、行政案件一般均可以采取在线方式开庭，但案件存在双方当事人不同意在线庭审、不具备在线庭审技术条件、需现场查明身份、核对原件、查验实物等情形的，不适用在线庭审。刑事案件可以采取远程视频方式讯问被告人、宣告判决、审理减刑、假释案件等。对适用简易程序、速裁程序的简单刑事案件、认罪认罚从宽案件，以及妨害疫情防控的刑事案件，可以探索采取远程视频方式开庭。

在线庭审活动应当遵循诉讼法律及司法解释的相关规定，充分保障当事人申请回避、举证、质证、陈述、辩论等诉讼权利。在线庭审应当以在线视频方式进行，不得采取书面或者语音方式。

人民法院开展在线庭审，一般应当在法庭内进行。因疫情防控需要，法官确需在其他场所在线开庭的，应当报请本院院长同意，并保证开庭场所庄重严肃、庭审礼仪规范。人民法院应当参照《中华人民共和国人民法院法庭规则》相关规定，加强对在线庭审参与人的诉讼指导，明确在线庭审纪律，确保庭审过程安全文明、规范有序。

当事人明确同意在线庭审，但不按时参加或者庭审中擅自退出的，除经查明确属网络故障、设备损坏、电力中断或者不可抗力等原因外，可以认定为“拒不到庭”和“中途退庭”，分别按照诉讼法律及相关司法解释的规定处理。

人民法院应当积极运用语音识别技术同步生成庭审电子笔录，由审判人员、法官助理、书记员、当事人及其他诉讼参与人等在线确认，确保在线庭审活动效力。在线庭审过程，应当按照《最高人民法院关于人民法院庭审录音录像的若干规定》，全程录音录像并存储归档。

九、疫情防控期间，各级人民法院可以根据技术条件和工作需要，允许法官远程查阅电子卷宗、合议案件、撰写提交裁判文书等，但应当严格遵循电子卷宗管理和保密工作相关规定。

十、各级人民法院要加大电子送达适用力度，提升送达质量和效率。经受送达人同意，可以通过中国移动微法院、中国审判流程信息公开网、全国统一送达平台、传真、电子邮件、即时通讯账号等电子方式送达诉讼文书和当事人提交的证据材料。

纳入民事诉讼程序繁简分流改革试点的法院，应当按照《试点实施办法》第二十四条至第二十六条的规定，依法有序开展电子送达工作。未纳入试点的法院，对电子送达的适用条件和生效标准，可以参照适用《试点实施办法》第二十四条、第二十六条的规定，但不得采用电子方式送达判决书、裁定书、调解书，确保人民法院电子送达符合诉讼法律及司法解释的规定。

十一、各级人民法院要大力推进一站式多元解纷机制和一站式诉讼服务中心建设，升级在线诉讼服务平台，拓展在线诉讼服务功能，向当事人和社会公众在线提供诉讼咨询、交费退费、信息查询、联系法官、申诉信访、举报投诉等全方位诉讼服务，保障当事人足不出户即可获取司法信息、办理诉讼事项，切实减少人员出行和聚集，服务疫情防控工作。

十二、杭州、北京、广州互联网法院要充分利用先发优势，加大在办案平台建设、在线诉讼流程、新兴技术应用、在线诉讼规则等方面的探索力度。要在保证互联网案件全流程在线审理的基础上，加速提升审判执行工作智能化水平，加强对大数据、云计算、人工智能、5G 技术等方面的研究应用，探索形成智慧司法的实践样本，总结形成可复制、可推广的先进经验。要立足自身职能定位，积极探索互联网时代电子诉讼规则，推动完善互联网司法治理实体规则，切实发挥互联网法院在理念创新、技术创新、制度创新等方面的引领示范作用，有效推动网络空间治理法治化。

十三、各级人民法院要高度重视疫情防控期间在线诉讼推进工作，切实优化理念、加深认识、转变思路，将在线诉讼作为特殊时期人民法院开展审判执行工作的基本模式，确保队伍不散、工作不断、质效不降，为进一步完善互联网司法模式做出有益探索，奠定良好实践基础。各级人民法院院长要作为推进在线诉讼的第一责任人，明确工作思路，理顺工作机制，加大组织实施力度，积极带头以在线方式办理案件，发挥引领示范作用，推动在线办案成为疫情防控期间的常态化机制。

十四、各级人民法院要大力加强信息化基础设施建设，积极推广应用中国移动微法院，加快搭建以中国移动微法院为总入口的在线诉讼平台，推动现有诉讼服务平台对接中国移动微法院，整合完善各类信息系统，防止多头开发和重复建设。要着力打通内外网，实现司法数据安全有效交互。要基于现有的平台系统，增加相应工作模块，拓展优化在线诉讼各项功能，对接实践需求，优化使用界面，提升用户体验，确保在线诉讼服务系统集成、高效便捷。

十五、各高级人民法院要积极做好辖区法院推进在线诉讼的统筹指导工作，制定出台相关诉讼规程和文书样式，加大对下指导力度，确保在线诉讼活动规范统一，合法有序。要坚持边推进、边总结、边研究，不断总结提炼辖区法院推进在线诉讼的有益举措和经验，认真搜集存在的问题困难，提出具体解决方案或建议，及时形成工作报告报送最高人民法院司法改革领导小组办公室。

最高人民法院
关于加快推进人民法院司法警务信息化智能化建设的意见

2020 年 4 月 15 日　　法〔2020〕106 号

各省、自治区、直辖市高级人民法院，新疆维吾尔自治区高级人民法院生产建设兵团分院：

智慧警务是智慧法院建设的重要组成部分。人民法院司法警务信息化、智能化建设是贯彻落实科技兴警的重要部署，推动人民法院司法警务工作改革创新，让信息化、智能化在服务新时代司法警务工作中发挥更大效能的重要举措。近年来，最高人民法院将信息化、智能化建设作为推动司法警务工作和司法警察队伍建设的有力抓手，研究部署司法警务信息化、智能化建设工作规划，指导试点法院开展相关研发工作。但总体来看，人民法院司法警务信息化、智能化建设水平还不高，还不能完全适应新时代司法警务工作和司法警察队伍建设的客观需要。为全面落实最高人民法院关于人民法院信息化建设的总体规划，更好服务保障新时代人民法院审判执行工作，现就加快推进司法警务信息化、智能化建设提出如下意见。

一、总体要求

（一）指导思想

以习近平新时代中国特色社会主义思想为指导，全面贯彻党的十九大和十九届二中、三中、四中全会精神，紧紧围绕全面依法治国战略部署，认真落实人民法院信息化建设总体规划，以促进司法警务工作和司法警察管理信息化、智能化为目标，打造全面覆盖、移动互联、深度应用、安全可靠的司法警务信息化综合系统，全面融入人民法院信息化3.0版，为司法警务工作和司法警察队伍建设提供坚强的信息科技保障。

（二）基本原则

1. 坚持统筹推进与分工负责相结合。加强最高人民法院对推进人民法院司法警务信息化、智能化建设的总体部署，明确地方法院的实施主体责任，充分调动地方法院推进司法警务信息化、智能化建设的主动性和积极性。

2. 坚持目标引领与问题导向相结合。瞄准科技兴警和人民法院司法警务工作改革创新的目标要求，破解人民法院司法警务信息化、智能化建设中存在的突出问题，增强司法警务信息化、智能化建设的协同性、联动性、整体性。

3. 坚持创新开发与实战应用相结合。树立“一切为了实战、一切服务实战”的理念，避免出现“重建设、轻应用”的问题，使人民法院司法警务信息化、智能化建设真正发挥出服务警务保障工作、服务司法警察管理的综合效能。

（三）总体目标

到2021年底前，完成人民法院司法警务信息化、智能化初步建设工作。依托人民法院内网网站搭建司法警务管理系统，实现警员信息、训练档案等日常管理数据及时录入、实时更新、有效分析、科学评估，实现警衔管理、数据报送等重点工作的信息化运行。依托人民法院执行指挥中心以及应急指挥调度平台等现有信息化建设成果，实现司法警察警力调度、现场指挥、警务督察的信息化运行。地方各级人民法院在警务安全、教育培训、装备管理等方面广泛开发、共享、应用信息化、智能化成果，为司法警务工作提供有力科技支撑。

二、重点任务

（一）研发打造智慧警务统一平台。2020年底前，最高人民法院建设形成并推广使用司法警务管理系统，实现数据报送、警衔审批等信息融合。借助司法警务管理系统，与人事信息等系统对接，实现警务人员信息查询及动态管理等功能。上级人民法院充分利用执行指挥中心以及应急指挥调度平台等现有信息化建设成果，实现对下级人民法院司法警察的实时、可视、便捷指挥调度，全国四级法院警务部门实现互联互通，信息共享。

（二）提高司法警察教育培训与装备管理智能化水平。高级人民法院以及有条件的中级人民法院探索开发网上培训系统，建立健全模拟考试题库，便于全警实时进行线上自学和模拟考试，提高教育培训工作效率。各级人民法院通过开发、应用装备管理系统软件，力争做到枪支弹药、警械装备、警用车辆管理使用等工作的信息化运行。要把制式服装“按需申领”信息化运转作为一项重点工作，力争在短时间内实现实质化运行。

（三）提高司法警务工作智能化保障水平。各级人民法院要将人工智能与司法警务紧密结合，积极开发、应用人脸识别及轨迹跟踪安防系统、法院周界围栏异常情况自动报警系统、被告人在羁押室内行为异常自动报警系统等项目，配备使用智能手铐、电子脚镣等科技产品，助推警务安全工作升级换挡。

（四）提高司法警务工作数据资源管理水平。各级人民法院要将警务大数据作为司法大数据的重要组成部分，重视对司法警务工作相关数据的收集、研判、分析、利用，为更好开展警务工作提供参考。要加强对警车车载摄像头的普及安装，注重对法院视频监控、警车车载摄像头、执法记录仪等音像资源的集中利用，打通相关装备与法院视频指挥系统的信息连接，为更好调度警力资源、及时处置警情提供保障。

（五）提高司法警务联防联动智能化水平。各级人民法院要积极争取当地党委、政府支持，在加强社会治安综合治理大格局下，加大与公安机关的协调力度，更多、更好地利用公安机关重点人员、车辆等相关数据信息资源，对进入法院的人员、车辆进行精准有效甄别。要树立资源共享理念，在符合保密规定、确保信息安全的前提下，将司法警务工作相关数据资源向公安机关开放使用，构建互动互通互助的良好协作机制。

三、工作要求

（一）提高思想认识，加强组织领导。各级人民法院要切实提高对司法警务信息化、智能化建设重要性的认识，把司法警务信息化、智能化建设作为智慧法院建设的重要组成部分，使司法警务信息化、智能化建设工作与法院其它信息化工作同部署、同落实、同评估。高级人民法院要根据最高人民法院的指导意见，结合本地实际情况，科学编制本地司法警务信息化、智能化建设工作规划。要构建上下一盘棋的管理机制，增强上级人民法院对下级人民法院司法警务信息化、智能化建设的管理和督促，确保各项任务落到实处。

（二）坚持问题导向，健全工作机制。各级人民法院要结合工作实际，深入研究司法警务工作与信息化、智能化建设的契合点，找准制约司法警务信息化、智能化建设的瓶颈问题，找准信息化、智能化建设对推进司法警务工作改革创新的最佳结合点，精准发力、有的放矢。要建立健全警务部门、用警部门、行装及信息等部门之间的联络沟通机制，加大对司法警务信息化、智能化建设的人财物支持力度，加快推进司法警务信息化、智能化建设。

（三）压实工作责任，抓好督导落实。各级人民法院要明确司法警务信息化、智能化建设的职责分工，责任到人，规划好路线图、制定好时间表，认真组织开展验收、评估等工作。要将司法警务信息化、智能化建设作为考核评比、评优树先的重要指标。要坚持开发与应用齐头并进的原则，督促建设成果的实际应用，尽快形成司法警务工作改革创新的战斗力。

最高人民法院
印发《关于统一法律适用加强类案检索的指导意见（试行）》的通知

2020 年 7 月 15 日　　　　法发〔2020〕24 号

各省、自治区、直辖市高级人民法院，解放军军事法院，新疆维吾尔自治区高级人民法院生产建设兵团分院：

现将《最高人民法院关于统一法律适用加强类案检索的指导意见（试行）》印发给你们，请认真贯彻执行。工作中遇到的有关情况和问题，请及时报最高人民法院。

最高人民法院
关于统一法律适用加强类案检索的指导意见（试行）

为统一法律适用，提升司法公信力，结合审判工作实际，就人民法院类案检索工作提出如下意见。

一、本意见所称类案，是指与待决案件在基本事实、争议焦点、法律适用问题等方面具有相似性，且已经人民法院裁判生效的案件。

二、人民法院办理案件具有下列情形之一，应当进行类案检索：

（一）拟提交专业（主审）法官会议或者审判委员会讨论的；

（二）缺乏明确裁判规则或者尚未形成统一裁判规则的；

（三）院长、庭长根据审判监督管理权限要求进行类案检索的；

（四）其他需要进行类案检索的。

三、承办法官依托中国裁判文书网、审判案例数据库等进行类案检索，并对检索的真实性、准确性负责。

四、类案检索范围一般包括：

（一）最高人民法院发布的指导性案例；

（二）最高人民法院发布的典型案例及裁判生效的案件；

（三）本省（自治区、直辖市）高级人民法院发布的参考性案例及裁判生效的案件；

（四）上一级人民法院及本院裁判生效的案件。

除指导性案例以外，优先检索近三年的案例或者案件；已经在前一顺位中检索到类案的，可以不再进行检索。

五、类案检索可以采用关键词检索、法条关联案件检索、案例关联检索等方法。

六、承办法官应当将待决案件与检索结果进行相似性识别和比对，确定是否属于类案。

七、对本意见规定的应当进行类案检索的案件，承办法官应当在合议庭评议、专业（主审）法官会议讨论及审理报告中对类案检索情况予以说明，或者制作专门的类案检索报告，并随案归档备查。

八、类案检索说明或者报告应当客观、全面、准确，包括检索主体、时间、平台、方法、结果，类案裁判要点以及待决案件争议焦点等内容，并对是否参照或者参考类案等结果运用情况予以分析说明。

九、检索到的类案为指导性案例的，人民法院应当参照作出裁判，但与新的法律、行政法规、司法解释相冲突或者为新的指导性案例所取代的除外。

检索到其他类案的，人民法院可以作为作出裁判的参考。

十、公诉机关、案件当事人及其辩护人、诉讼代理人等提交指导性案例作为控（诉）辩理由的，人民法院应当在裁判文书说理中回应是否参照并说明理由；提交其他类案作为控（诉）辩理由的，人民法院可以通过释明等方式予以回应。

十一、检索到的类案存在法律适用不一致的，人民法院可以综合法院层级、裁判时间、是否经审判委员会讨论等因素，依照《最高人民法院关于建立法律适用分歧解决机制的实施办法》等规定，通过法律适用分歧解决机制予以解决。

十二、各级人民法院应当积极推进类案检索工作，加强技术研发和应用培训，提升类案推送的智能化、精准化水平。

各高级人民法院应当充分运用现代信息技术，建立审判案例数据库，为全国统一、权威的审判案例数据库建设奠定坚实基础。

十三、各级人民法院应当定期归纳整理类案检索情况，通过一定形式在本院或者辖区法院公开，供法官办案参考，并报上一级人民法院审判管理部门备案。

十四、本意见自 2020 年 7 月 31 日起试行。

最高人民法院
印发《关于为跨境诉讼当事人提供网上立案服务的若干规定》的通知

2021年1月22日　　法发〔2021〕7号

各省、自治区、直辖市高级人民法院，解放军军事法院，新疆维吾尔自治区高级人民法院生产建设兵团分院；本院各单位：

现将《最高人民法院关于为跨境诉讼当事人提供网上立案服务的若干规定》印发给你们，请认真贯彻执行。

最高人民法院
关于为跨境诉讼当事人提供网上立案服务的若干规定

为让中外当事人享受到同等便捷高效的立案服务，根据《中华人民共和国民事诉讼法》《最高人民法院关于人民法院登记立案若干问题的规定》等法律和司法解释，结合人民法院工作实际，制定本规定。

第一条　人民法院为跨境诉讼当事人提供网上立案指引、查询、委托代理视频见证、登记立案服务。

本规定所称跨境诉讼当事人，包括外国人、香港特别行政区、澳门特别行政区（以下简称港澳特区）和台湾地区居民、经常居所地位于国外或者港澳台地区的我国内地公民以及在国外或者港澳台地区登记注册的企业和组织。

第二条 为跨境诉讼当事人提供网上立案服务的案件范围包括第一审民事、商事起诉。

第三条 人民法院通过中国移动微法院为跨境诉讼当事人提供网上立案服务。

第四条 跨境诉讼当事人首次申请网上立案的，应当由受诉法院先行开展身份验证。身份验证主要依托国家移民管理局出入境证件身份认证平台等进行线上验证；无法线上验证的，由受诉法院在线对当事人身份证件以及公证、认证、转递、寄送核验等身份证明材料进行人工验证。

身份验证结果应当在3个工作日内在线告知跨境诉讼当事人。

第五条 跨境诉讼当事人进行身份验证应当向受诉法院在线提交以下材料：

（一）外国人应当提交护照等用以证明自己身份的证件；企业和组织应当提交身份证明文件和代表该企业和组织参加诉讼的人有权作为代表人参加诉讼的证明文件，证明文件应当经所在国公证机关公证，并经我国驻该国使领馆认证。外国人、外国企业和组织所在国与我国没有建立外交关系的，可以经过该国公证机关公证，经与我国有外交关系的第三国驻该国使领馆认证，再转由我国驻第三国使领馆认证。如我国与外国人、外国企业和组织所在国订立、缔结或者参加的国际条约、公约中对证明手续有具体规定，从其规定，但我国声明保留的条款除外；

（二）港澳特区居民应当提交港澳特区身份证件或者港澳居民居住证、港澳居民来往内地通行证等用以证明自己身份的证件；企业和组织应当提交身份证明文件和代表该企业和组织参加诉讼的人有权作为代表人参加诉讼的证明文件，证明文件应当经过内地认可的公证人公证，并经中国法律服务（香港）有限公司或者中国法律服务（澳门）有限公司加章转递；

（三）台湾地区居民应当提交台湾地区身份证件或者台湾居民居住证、台湾居民来往大陆通行证等用以证明自己身份的证件；企业和组织应当提交身份证明文件和代表该企业和组织参加诉讼的人有权作为代表人参加诉讼的证明。证明文件应当通过两岸公证书使用查证渠道办理；

（四）经常居所地位于国外或者港澳台地区的我国内地公民应当提交我国公安机关制发的居民身份证、户口簿或者普通护照等用以证明自己身份的证件，并提供工作签证、常居证等证明其在国外或者港澳台地区合法连续居住超过一年的证明材料。

第六条 通过身份验证的跨境诉讼当事人委托我国内地律师代理诉讼，可以向受诉法院申请线上视频见证。

线上视频见证由法官在线发起，法官、跨境诉讼当事人和受委托律师三方同时视频在线。跨境诉讼当事人应当使用中华人民共和国通用语言或者配备翻译人员，法官应当确认受委托律师和其所在律师事务所以及委托行为是否确为跨境诉讼当事人真实意思表示。在法官视频见证下，跨境诉讼当事人、受委托律师签署有关委托代理文件，无需再办理公证、认证、转递等手续。线上视频见证后，受委托律师可以代为开展网上立案、网上交费等事项。

线上视频见证的过程将由系统自动保存。

第七条 跨境诉讼当事人申请网上立案应当在线提交以下材料：

（一）起诉状；

（二）当事人的身份证明及相应的公证、认证、转递、寄送核验等材料；

（三）证据材料。

上述材料应当使用中华人民共和国通用文字或者有相应资质翻译公司翻译的译本。

第八条 跨境诉讼当事人委托代理人进行诉讼的授权委托材料包括：

（一）外国人、外国企业和组织的代表人在我国境外签署授权委托书，应当经所在国公证机关公证，并经我国驻该国使领馆认证；所在国与我国没有建立外交关系的，可以经过该国公证机关公证，经与我国有外交关系的第三国驻该国使领馆认证，再转由我国驻第三国使领馆认证；在我国境内签署授权委托书，应当在法官见证下签署或者经内地公证机构公证；如我国与外国人、外国企业和组织所在国订立、缔结或者参加的国际条约、公约中对证明手续有具体规定，从其规定，但我国声明保留的条款除外；

（二）港澳特区居民、港澳特区企业和组织的代表人在我国内地以外签署授权委托书，应当经过内地认可的公证人公证，并经中国法律服务（香港）有限公司或者中国法律服务（澳门）有限公司加章转递；在我国内地签署授权委托书，应当在法官见证下签署或者经内地公证机构公证；

（三）台湾地区居民在我国大陆以外签署授权委托书，应当通过两岸公证书使用查证渠道办理；在我国大陆签署授权委托书，应当在法官见证下签署或者经大陆公证机构公证；

（四）经常居所地位于国外的我国内地公民从国外寄交或者托交授权委托书，必须经我国驻该国的使领馆证明；没有使领馆的，由与我国有外交关系的第三国驻该国的使领馆证明，再转由我国驻该第三国使领馆证明，或者由当地爱国华侨团体证明。

第九条 受诉法院收到网上立案申请后，应当作出以下处理：

（一）符合法律规定的，及时登记立案；

（二）提交诉状和材料不符合要求的，应当一次性告知当事人在15日内补正。当事人难以在15日内补正材料，可以向受诉法院申请延长补正期限至30日。当事人未在指定期限内按照要求补正，又未申请延长补正期限的，立案材料作退回处理；

（三）不符合法律规定的，可在线退回材料并释明具体理由；

（四）无法即时判定是否符合法律规定的，应当在7个工作日内决定是否立案。

跨境诉讼当事人可以在线查询处理进展以及立案结果。

第十条 跨境诉讼当事人提交的立案材料中包含以下内容的，受诉法院不予登记立案：

（一）危害国家主权、领土完整和安全；

（二）破坏国家统一、民族团结和宗教政策；

（三）违反法律法规，泄露国家秘密，损害国家利益；

（四）侮辱诽谤他人，进行人身攻击、谩骂、诋毁，经法院告知仍拒不修改；

（五）所诉事项不属于人民法院管辖范围；

（六）其他不符合法律规定的起诉。

第十一条 其他诉讼事项，依据《中华人民共和国民事诉讼法》的规定办理。

第十二条 本规定自2021年2月3日起施行。

最高人民法院
印发《关于深化人民法院一站式多元解纷机制建设推动矛盾纠纷源头化解的实施意见》的通知

2021 年 9 月 9 日　　　　　　　　法发〔2021〕25 号

各省、自治区、直辖市高级人民法院，解放军军事法院，新疆维吾尔自治区高级人民法院生产建设兵团分院：

现将《最高人民法院关于深化人民法院一站式多元解纷机制建设推动矛盾纠纷源头化解的实施意见》印发给你们，请结合实际认真贯彻落实。

最高人民法院
关于深化人民法院一站式多元解纷机制建设推动矛盾纠纷源头化解的实施意见

为深入贯彻落实《关于加强诉源治理推动矛盾纠纷源头化解的意见》，推动构建源头防控、排查梳理、纠纷化解、应急处置的社会矛盾综合治理机制，促进基层治理体系和治理能力现代化，建设更高水平的平安中国，现就深化人民法院一站式多元解纷机制建设，推动矛盾纠纷源头化解工作提出如下意见。

一、总体要求

（一）指导思想。以习近平新时代中国特色社会主义思想为指导，全面贯彻党的十九大和十九届二中、三中、四中、五中全会精神，深入贯彻习近平法治思想，主动适应社会主要矛盾新变化，紧盯矛盾纠纷产生、发展、演变三个阶段，突出源头预防、前端化解、关口把控重点环节，加强部门联动和统筹协调，促进人民法院工作重心前移、力量下沉、内外衔接，从源头上减少矛盾纠纷产生，减少衍生诉讼案件发生，切实维护社会稳定和安全。

（二）工作原则。坚持党的全面领导，把党的领导贯穿人民法院源头预防和多元化解矛盾纠纷全过程。坚持以人民为中心，充分满足人民群众多层次、多样化的司法需求。坚持和发展新时代“枫桥经验”，促进基层社会治理从化讼止争向少讼无讼转变。坚持系统治理、依法治理、综合治理、源头治理，重塑人民法院前端纠纷解决格局。坚持把非诉讼纠纷解决机制挺在前面，完善诉讼与非诉讼衔接机制，发挥司法在多元化纠纷解决机制中的引领、推动和保障作用。坚持面向实际，因地制宜，分类建设，形成适合地区实际的诉源治理模式。

（三）工作要求。在深化一站式多元解纷机制建设中准确把握人民法院职能定位，既积极参与、主动融入党委领导下的诉源治理工作，发挥专业优势，为非诉讼方式解决纠纷提供司法保障；又认真把好案件“入口关”，对起诉到人民法院的纠纷，发挥主导作用，促进纠纷一站式多元化解。按照自愿、合法原则做好纠纷化解方式引导，对于当事人不同意非诉讼方式解决的，严格落实立案登记制要求，对依法应该受理的案件，有案必立，有诉必理，切实保障当事人诉权。

（四）工作目标。推动人民法院一站式多元解纷向基层延伸，向社会延伸，向网上延伸，向重点行业领域延伸，健全预防在先、分层递进、专群结合、衔接配套、全面覆盖、线上线下的一站式多元解纷机制，做到矛盾纠纷村村可解、多元化解、一网通调，推动将民事、行政案件万人起诉率稳步下降至合理区间。

二、完善人民法院源头化解矛盾纠纷工作格局

（五）建立分类分级预防化解矛盾纠纷路径。深入分析社会矛盾纠纷成因特点，结合市域、乡村、民族、侨乡、边境等地域特点，以及重点行业领域风险点，将人民法院预防化解职能精准延伸到纠纷产生的初始源头、讼争源头，因地制宜、分门别类建立递进式预防化解工作路径，确保矛盾纠纷有效分流、源头化解。

（六）强化人民法院分流对接功能。以诉讼服务中心、人民法院调解平台作为人民法院参与诉源治理、开展分流对接总枢纽，与基层、重点行业领域形成预防化解链条，对起诉到人民法院的纠纷，开展分流引导、诉非衔接、调裁对接、登记立案、繁简分流等工作。

（七）建立健全基层解纷服务体系。在党委领导下，按照“基层预防调处优先、法院提供政策指引、法律指导、资源经验支持、诉讼服务和司法保障”工作思路，构建以基层人民法院及人民法庭为主体，纵向延伸至乡镇（街道）、村（社区），横向对接基层治理单位、基层党组织、公共法律服务中心（站）等，群众广泛参与的多元解纷和诉讼服务体系，形成村（社区）——乡镇（街道）——基层人民法院及人民法庭三级路径，及时就地预防化解纠纷，就近或者上门提供诉讼服务。创新基层人民法院及人民法庭对村（社区）人民调解的业务指导，强化乡村司法保障。

（八）推动重点行业领域矛盾纠纷预防化解工作。对金融、建筑、教育、物业、环境、消费、房地产、互联网、交通运输、医疗卫生等行业领

域多发易发纠纷，积极会同行业主管部门研究源头治理举措，建立信息共享、业务协同和诉非衔接机制，统一类型化纠纷赔偿标准、证据规则等，预防和减少纠纷产生。完善各类调解联动工作体系，形成内部和解、协商先行，行业性专业性调解、仲裁等非诉方式挺前、诉讼托底的分级化解模式。加强行政争议预防化解工作，在党委政法委领导下，与政府职能部门开展制度共建、治理协同、联防联控，多元化解行政争议。合力推进商会调解，支持工商联、商协会调解组织化解涉企纠纷。建立吸纳军地机关共同参与的军民融合发展纠纷协调处理机制。推动退役军人矛盾纠纷预防调处和多元化解工作。

（九）发挥社会各方力量协同作用。拓宽与政府部门对接途径，加大与人民调解、行业专业调解、行政调解、律师调解、仲裁、公证等衔接，邀请人大代表、政协委员、专家学者等社会第三方参与调解、化解，并将符合条件的组织和人员纳入人民法院特邀调解名册。完善群众参与源头预防和多元化解的制度化渠道，创新互联网时代群众参与机制，充分发挥社会力量在释明多元解纷优势、引导诉前调解、宣传调解平台方面作用。

三、创新人民法院源头化解矛盾纠纷方法路径

（十）推动人民法院调解平台进乡村、进社区、进网格。深化“互联网＋枫桥经验”实践，通过在线方式集约集成基层解纷力量，促进矛盾纠纷在基层得到实质性化解。基层人民法院及人民法庭邀请本辖区街道党政领导、派出所、司法所、村（社区）等单位负责人、人民调解员、网格员、五老乡贤、村（社区）法律顾问等入驻人民法院调解平台，对适宜在乡镇（街道）、村（社区）处理的纠纷，通过平台逐级分流至基层组织或人员进行化解、调解，并提供法律指导、在线司法确认、在线立案等服务。乡镇（街道）、村（社区）需要人民法院指导处理的纠纷，可以通过人民法院调解平台在线提出申请，由人民法院协同做好疏导化解和联合调

解工作。

（十一）积极入驻一站式社会矛盾纠纷调处化解中心。参与党委政府牵头的一站式社会矛盾纠纷调处化解中心建设，根据中心工作部署及法院职能作用，因地制宜指派诉讼服务、速裁快审团队或者人员入驻中心，指导调解，进行司法确认，开展速裁快审，并提供相配套的便民诉讼服务。

（十二）增强诉讼服务中心多元解纷能力。充分尊重群众到人民法院解决纠纷的意愿，深化"分调裁审"机制改革，在诉讼服务中心设立调解速裁区，配备速裁团队，建立类型化调解工作室或者综合调解室，邀请调解组织或者调解员入驻人民法院，为人民群众诉前调解提供更多选择，方便在一个地方就能解决全部诉讼事项。

（十三）创新密切联系群众有效载体。参与创建无讼村（社区、连队），在乡村街道、企业园区等需求集中的地方建立诉讼服务站点，推广"群众说事、法官说法""法官进网格""吹哨报到""五链共治"等有益做法，加强社会主义法治文化建设，完善示范裁判机制，送法上门，做到办理一案、化解类案、教育一片。健全中级、基层人民法院领导干部与辖区内基层单位挂钩联系、定期下访、包案化解等制度，加强巡回审判，及时就地化解矛盾纠纷。

四、健全人民法院源头化解矛盾纠纷工作机制

（十四）完善司法建议运用机制。深度应用司法大数据，并与其他信息数据资源开展对接，加强对诉讼高发领域、新类型纠纷、涉诉信访案件，以及社会治理动态和热点问题的分析研判，对发现的普遍性、倾向性、趋势性问题提出司法建议，并向有关部门提供大数据分析报告，督促有关部门和企业主动承担出台政策、完善规则、风险评估、合规审查、安全生产等责任。各级人民法院对于本院作出的司法建议，应当进行编号管理，做好落实情况的跟踪指导和效果评估。及时发布类型化纠纷典型案

例，以案释法，提高人民群众对纠纷化解结果的预判能力。

（十五）完善矛盾纠纷排查梳理和风险评估机制。主动加强与基层网格、专属网格的网格员沟通联系，有针对性开展排查梳理、纠纷化解等工作，减少涉诉矛盾隐患，预防民事纠纷转为刑事案件。在出台重大司法政策、办理重大敏感案件时，坚持把风险评估作为前置环节，有效预防纠纷，第一时间解决问题、控制事态。

（十六）完善诉讼与非诉讼实质性对接机制。以人民法院调解平台为依托，强化非诉讼与诉讼的平台对接、机制对接、人员对接和保障对接，加强对非诉讼解纷力量的法律指引和业务指导。强化诉前调解与诉前鉴定评估工作对接，打通人民法院调解平台与委托鉴定平台，明确在诉前调解过程中开展鉴定评估的工作流程。进一步完善调解与诉讼材料衔接机制，对特邀调解组织或者特邀调解员在调解过程中形成的送达地址确认、无争议事实等材料，以及关于当事人调解意愿的评价，可以在诉讼阶段使用。规范调解案号编立、使用工作，实现对诉非分流、委派案件全程在线管理。创新诉前调解衍生案件单独管理模式，对诉前调解成功，需要进行司法确认或者出具调解书的案件，以“诉前调确”“诉前调书”号出具法律文书。

（十七）优化联动调解机制。与相关单位建立工作协调和信息共享机制，用足用好最高人民法院“总对总”在线诉调对接调解资源库，加大“道交一体化”平台应用力度，针对道路交通、劳动争议、医疗纠纷、银行保险、证券期货、涉企纠纷、知识产权、教育管理、消费者权益保护、价格争议、国际商事、涉侨涉外等领域纠纷，征得当事人同意后，在线推送各单位调解组织或者调解员进行调解。进一步扩大各地区特邀调解资源库，将更多符合条件的人民调解员、行业性专业性调解组织、律师纳入特邀调解名册。在涉外及涉港澳台民商事案件中，邀请符合条件的外国人或者香港、澳门特别行政区和台湾地区同胞参与调解。建立健全行政争议诉前调解化解机制，鼓励开展先行调解。推动轻微刑事案件诉前和解和第三方化解工作，加强与刑事速裁程序衔接。在商事等领域探索开展市场化调解，推动建立公益性调解与市场化调解并行模式。

（十八）完善诉前辅导分流机制。对到诉讼服务大厅现场或者通过网上立案系统提交诉状或者申请书的当事人，先行通过人工服务或者智能设备评估等方式，开展辅导分流、中立评估、解释疏导等工作。能够通过行政裁决解决的，在登记立案前指引通过行政裁决化解纠纷。适宜调解、和解的，告知诉前调解、刑事和解优势特点，鼓励当事人调解、和解；当事人同意诉前委派调解的，通过人民法院调解平台指派调解组织或者调解员，提供“菜单式”调解服务。案件不适宜调解、当事人已经调解但无法达成调解协议的，依法登记立案，并告知当事人。

（十九）建立健全衍生诉讼案件预防机制。完善调解协议履行保障机制，在诉前调解时加强对当事人履行能力评估，更加注重调解内容可履行性。对促成协议自动履行的调解员，在绩效考评、以案定补等方面给予倾斜。建立健全自动履行正向激励机制，在诉前调解、立案等环节向当事人发放自动履行告知书，探索与有关部门建立诚信履行激励机制。加强立审执各环节释明疏导和调解化解工作，提高审判执行质效，强化涉诉信访源头治理、综合治理，减少上诉、再审和申诉信访案件。

（二十）建立健全虚假诉讼防范和惩治机制。全面应用立案辅助系统，加强对虚假诉讼的精准识别和提前预警。强化民事诉讼中防范惩治虚假诉讼的审判指引，明确民间借贷、买卖合同、执行案件等虚假诉讼多发领域案件的甄别要点、证据审查重点和防范处理措施。对认定存在虚假诉讼行为的，根据情节轻重采取相应强制措施，并向参与实施虚假诉讼的诉讼代理人、鉴定、公证、仲裁等相关组织或人员的主管部门、行业协会或所在单位通报情况，提出依法惩处司法建议。加强与公安、检察机关协作配合，建立线索移送、结果反馈机制，依法合力严惩虚假诉讼。及时发布虚假诉讼惩戒典型案件，引导当事人依法行使诉权。

（二十一）完善诚信诉讼保障机制。建立诚信诉讼承诺制度，引导当事人在诉前调解或者登记立案前填写诚信诉讼承诺。对滥用诉权以及恶意拖延调解、故意不履行调解协议、无正当理由否定已经记载的无争议事实等不诚信行为，探索通过律师费转付、诉讼费用合理分担、赔偿无过错方诉前调解额外支出等方式进行规制。加强对调解员培训指导，提高防范虚假调解能力水平。

五、加强重点领域矛盾纠纷源头化解工作

（二十二）加强疫情等重大突发事件引发矛盾纠纷预防化解工作。做好涉疫情矛盾纠纷源头预防和排查预警工作，针对合同、侵权、劳动争议、医疗损害赔偿、涉外海事海商、涉外商事等受疫情影响较大领域纠纷，在诉前开展多元化解。高度关注就业、教育、社会保障、医疗卫生、食品安全、安全生产、社会治安、住房市场调控等领域因重大突发事件可能引发的诉讼，积极开展预判应对和前端化解工作。

（二十三）加强金融领域矛盾纠纷源头化解工作。高度关注金融借款合同、信用卡、融资租赁、保险、委托理财等金融领域纠纷，会同金融管理部门、金融机构等加强信息共享和数据联通，运用司法大数据为识别合格投资者、建立健全金融产品或服务全流程管控机制等提供支持。建立示范调解机制，鼓励当事人平等协商，自行和解。加大对行业主管部门、行业协会商会等开展金融纠纷集中调解、先行调解的司法保障力度，促进纠纷在诉前批量化解。

（二十四）加强劳动争议源头化解工作。针对劳动争议先行仲裁的特点，加强调解、仲裁与诉讼衔接，依托人民法院调解平台，对接人力资源

社会保障相关调解仲裁信息系统，建立调裁诉一体化在线解纷机制，实现劳动争议仲裁前调解与诉前调解的数据资源共享，统一案件处理标准，推动更多调解力量在仲裁前开展调解工作。建立全国性、区域性专家调解资源库，参与化解重大疑难复杂劳动争议。会同工会、人力资源社会保障部门加强对用工企业、劳动者普法宣传，制定推广劳动合同示范文本。

（二十五）加强婚恋家庭矛盾纠纷源头化解工作。与共青团、妇联、公安、民政等部门加强协作，完善婚恋家庭矛盾纠纷信息共享和通报机制，联合开展矛盾排查、普法宣传和以案释法工作。建立婚恋家庭纠纷分级预警化解模式，推动调解前置，加强心理疏导和危机干预，避免矛盾激化升级。建立诉后跟踪机制，预防“民转刑”案件。加大反家暴延伸服务力度，健全家庭暴力受害人人身保护令实施机制。

（二十六）加强知识产权矛盾纠纷源头化解工作。会同知识产权部门，系统分析本地区知识产权领域多发易发纠纷成因特点，推动完善预防性法律法规，加强示范性裁判指引。建立健全知识产权纠纷诉非联动机制，进一步扩大专业性行业性调解队伍，提高在线多元化解质效。创新工作方式方法，推广建立正版图库交易平台等做法，从源头上预防化解互联网著作权等涉网知识产权纠纷。

（二十七）加强互联网纠纷源头治理工作。针对网络金融活动、网络购物等引发的纠纷，会同相关主管部门，构建符合互联网特点的源头治理模式，指导互联网平台建立务实有效的纠纷解决机制，切实降低成诉率。运用区块链技术，将裁判规则、交易规范等嵌入互联网平台，实现风险预警和自动提示，督促诚信履约。加快与互联网平台在线诉非对接，推进源头治理进平台、进网络，形成互联网纠纷分层递进解决机制。

六、强化配套保障

（二十八）加强组织领导。将人民法院参与诉源治理，推动矛盾纠纷源头化解作为“一把手”工程统筹谋划部署。成立院领导牵头、各有关部门参与的领导小组，抓好贯彻落实、重大事项协调、成效评估、对下监督指导等工作。高级人民法院要加强对本辖区法院矛盾纠纷源头治理工作指挥指导，并为地方平安建设工作考核中万人起诉率指标评估提供数据支持。参与诉源治理工作进展情况应当及时向本地区党委政法委进行报告。

（二十九）加强工作保障。在基层诉讼服务站点配备电脑、视频设备等，加强对老年人等特殊群体的指导辅导，方便群众就近办理诉讼事务，就地开展跨区域远程视频调解。在源头预防和多元化解工作中投入更多人员力量。主动争取当地财政部门为特邀调解组织和调解员开展工作提供可持续的经费保障。加大对一站式多元解纷工作宣传，引导更多群众选择多元化方式解决纠纷。

（三十）加强工作管理。严格落实纠纷预防化解工作领导责任制，明确纠纷化解工作的人员、制度和必要条件，完善工作机制和监督评价体系。以“把非诉讼纠纷解决机制挺在前面”为导向，建立科学考核评价机制，将源头预防化解纠纷、诉前调解成功案件量等作为业绩考核评价内容。加强人员管理和培训，提升预防化解矛盾纠纷能力水平。各级人民法院立案信访部门要密切关注最高人民法院诉讼服务指导中心信息平台诉源治理多元解纷质效评估情况，及时督促改进工作。

（三十一）加强信息化保障。加强人民法院调解平台建设，加快与其他相关平台系统对接和数据共享，创新全流程在线源头治理模式，分层递进、“一站式”预防化解纠纷。积极运用大数据、人工智能等信息化手段，实现人民法院参与诉源治理工作数据化、可视化，为促进审判体系和审判能力现代化，辅助党委政府领导科学决策提供支持。

（三十二）加强理论研究和规则提炼。深入开展新时代矛盾纠纷和解决机制体系化研究。各级人民法院应当围绕本地区多发易发纠纷诉源治理中的理论和实践问题，开展多层次、多维度研究，进一步总结我国矛盾纠纷源头预防和多元化解实践成果，进行规则提炼，推动国家层面多元化解相关法律的立法进程，构建体现我国社会主义性质，具有鲜明中国特色、实践特色、时代特色的纠纷解决理论体系和制度体系。

最高人民法院
关于印发《人民法院在线运行规则》的通知

2022年1月26日　　　　　　　　法发〔2022〕8号

各省、自治区、直辖市高级人民法院，解放军军事法院，新疆维吾尔自治区高级人民法院生产建设兵团分院：

《人民法院在线运行规则》已于2021年12月30日经最高人民法院审判委员会第1861次会议通过，现予以印发，自2022年3月1日起施行。

人民法院在线运行规则

为支持和推进在线诉讼、在线调解等司法活动，完善人民法院在线运行机制，方便当事人及其他参与人在线参与诉讼、调解等活动，提升审判执行工作质效，根据相关法律规定，结合智慧法院建设实际，制定本规则。

一、总　则

第一条　人民法院运用互联网、大数据、云计算、移动互联、人工智能和区块链等信息技术，完善智慧法院信息系统，规范应用方式，强化运行管理，以在线方式满足人民群众多元化司法需求，高效支持审判执行活动。

第二条 人民法院在线运行遵循以下原则：

（一）高效便民。坚持以人民为中心，提供一网通办、一站通办、一号通办等多元解纷和诉讼服务，减轻当事人诉累。

（二）注重实效。坚持司法规律、体制改革与技术变革相融合，完善信息系统，规范应用方式，强化运行管理，全方位支持人民法院开展在线审判执行活动，保障司法工作，提高司法效率。

（三）统筹共享。加强顶层统筹规划，优先建设和使用全国法院统一信息系统，持续推进信息基础设施、应用系统和数据资源兼容共享。

（四）创新驱动。贯彻实施网络强国战略，加大先进技术研究应用力度，推动业务流程、诉讼规则、审判模式与时俱进。

（五）安全可靠。依法采集、存储、处理和使用数据，保护国家秘密、商业秘密、个人隐私和个人信息，保障人民法院在线运行信息安全。

第三条 各级人民法院用以支持在线司法活动的信息系统建设、应用、运行和管理，适用本规则。

二、系统建设

第四条 人民法院应当建设智慧服务、智慧审判、智慧执行、智慧管理、司法公开、司法数据中台和智慧法院大脑、信息基础设施、安全保障、运维保障等智慧法院信息系统，保障人民法院在线运行。

智慧法院信息系统以司法数据中台和智慧法院大脑为核心，实现数据互联互通，支持业务协同办理。

第五条 智慧服务系统在互联网运行，与法院专网安全联通，为人民群众提供诉讼、调解、咨询和普法等在线服务，支撑构建一站式多元解纷和诉讼服务体系。

智慧服务系统包括人民法院在线服务、电子诉讼平台、人民法院调解平台、诉讼服务网、12368诉讼服务热线、电子送达平台、在线保全系统、在线鉴定系统等。

智慧服务系统应当具备诉讼指引、在线调解及名册管理、在线立案、在线交费、在线证据交换、在线委托鉴定、在线保全、在线庭审、在线执行、在线阅卷、在线查档、在线送达、在线公告、跨域诉讼服务等功能。

人民法院在线服务与智慧服务系统其他平台对接，作为人民法院通过互联网向人民群众提供在线服务的统一入口。

第六条 智慧审判系统在法院专网或电子政务网运行，为审判人员提供阅卷、查档、听证、庭审、合议、裁判辅助等在线服务，支撑构建现代化审判体系。

智慧审判系统包括审判流程管理系统、电子卷宗流转应用系统、智能裁判辅助系统、量刑规范化系统、庭审语音识别系统等。

智慧审判系统应当具备案件信息管理、审限管理、电子卷宗随案同步生成和深度应用、类案智推、文书辅助生成、量刑辅助等功能。

第七条 智慧执行系统在法院专网或电子政务网运行，为执行人员提供执行协同、执行信息管理、查人找物、财产处置、失信惩戒等在线服务，支撑构建现代化执行工作体系。

智慧执行系统包括执行指挥平台、执行案件流程信息管理系统、执行查控系统、失信惩戒系统、司法拍卖系统、一案一帐户案款管理系统、移动执行系统等。

智慧执行系统应当具备执行案件全流程网上办理、执行线索分析、执行财产网络查控、司法拍卖信息发布、网络询价、失信被执行人管理等功能。

第八条 智慧管理系统在法院专网或电子政务网运行，为法院干警提供行政办公、人事管理、审务督察和档案管理等在线服务，支撑构建现代化司法管理体系。

智慧管理系统主要包括办公平台、人事管理系统、审务督察系统、电子档案系统等。

智慧管理系统应当具备公文在线办理、人事信息管理、审务督察、电子档案管理等功能。

第九条 司法公开平台在互联网运行，为当事人及其他诉讼参与人、社会公众提供依法公开的审判流程信息、庭审活动信息、裁判文书信息、执行工作信息等在线公开服务，支撑构建开放、动态、透明、便民的阳光司法机制。

司法公开平台主要包括中国审判流程信息公开网、中国庭审公开网、中国裁判文书网、中国执行信息公开网、全国企业破产重整案件信息网、全国法院减刑、假释、暂予监外执行信息网等。

司法公开平台应当具备信息公开、信息检索、可视化展现等功能。

第十条 司法数据中台和智慧法院大脑运行在法院专网或电子政务网，为智慧服务、智慧审判、智慧执行、智慧管理和司法公开等智慧法院信息系统提供数据和智能服务。

司法数据中台和智慧法院大脑包括司法数据库、数据管理平台、数据交换平台、数据服务平台、人工智能引擎、司法知识库、知识服务平台和司法区块链平台等。

司法数据中台和智慧法院大脑应当具备数据汇聚治理、共享交换、关联融合、可视化展现、知识生成、智能计算、辅助决策、证据核验、可信操作、智能合约等功能。

第十一条　各级人民法院应当建设信息基础设施，为人民法院在线运行提供必要的基础条件支撑。

信息基础设施包括通信网络、计算存储、通用终端设备以及信息管理中心、执行指挥中心、诉讼服务大厅、科技法庭等重要场所专用设施。

信息基础设施应当为各类应用系统、数据资源和运维保障提供计算运行、数据存储、通信传输、显示控制等服务。

第十二条　各级人民法院应当建设安全保障系统，为人民法院在线运行提供网络和信息安全保障。

安全保障系统包括身份认证平台、边界防护系统、安全隔离交换系统、权限管理系统、安全管控系统和安全运维系统等。

安全保障系统应当为各类信息基础设施、应用系统和数据资源提供主机安全、身份认证、访问控制、分类分级、密码加密、防火墙、安全审计和安全管理等安全服务。

第十三条　各级人民法院应当建设运维保障系统，为人民法院在线运行提供运行维护保障。

运维保障系统包括质效型运维服务、可视化管理平台、运行质效报告和应急管理平台等。

运维保障系统应当为信息基础设施、应用系统、数据资源和安全保障系统提供运行、维护和运行质效分析等运维保障服务。

三、应用方式

第十四条　当事人及其他参与人应用智慧服务系统进行在线调解、在线诉讼，应当先行注册并完成身份认证，取得登录智慧服务系统的专用账号。

同一用户注册智慧服务系统应当以个人身份认证和实名注册为主，尽量使用相同的注册和身份认证信息。

智慧服务系统应当对接公安机关户籍管理系统支持核对用户身份认证信息，并支持用户信息的统一管理和共享应用。

第十五条 当事人及其他参与人在智慧服务系统相应平台完成注册后，可以在线登录并通过身份认证，关联相关案件参与在线调解、在线诉讼。

第十六条 当事人及其他参与人可以应用人民法院调解平台等开展在线调解，进行在线申请、接受、拒绝或者终止调解，获得在线调解引导等服务。

人民法院通过人民法院调解平台等，支持人民法院、当事人、在线调解组织和调解员通过电脑和移动终端设备进行在线调解，支持在线开展调解前协商和解、调解组织和调解员选定、音视频调解、制作调解协议、申请司法确认或者出具调解书等，支持在线诉非对接、诉调对接程序，保存调解过程中的所有音视频和文字材料。

人民法院、调解组织和调解员可以通过人民法院调解平台等在线管理相关组织和人员信息。

第十七条 当事人及其代理人可以通过人民法院在线服务、电子诉讼、诉讼服务网等平台在线提交立案申请。

人民法院通过智慧审判系统对接智慧服务系统在线处理立案申请，反馈立案结果。

第十八条 当事人及其代理人可以通过人民法院在线服务、电子诉讼平台、人民法院调解平台、诉讼服务网等平台在线查看案件相关诉讼费用信息并通过网上支付通道在线交费。

人民法院通过智慧审判、智慧执行系统对接智慧服务系统在线发起交费通知、查看交费状态。

第十九条 当事人及其代理人通过人民法院在线服务、电子诉讼、人民法院调解平台、诉讼服务网等平台在线填写或提交各类案件相关电子材料，应符合平台告知的相应文件的格式、体例、规范性和清晰度等要求。

第二十条 智慧服务系统中在线提交、符合要求的电子文件自动纳入案件电子卷宗，并传送智慧审判系统、智慧执行系统、智慧管理系统流转应用。

对于线下提交的案件材料，人民法院应当及时通过扫描、翻拍、转录等方式随案同步生成符合要求的电子文件，形成案件电子卷宗。

人民法院通过智慧审判、智慧执行系统支持电子卷宗随案流转应用，包括阅卷、合议、庭审、审委会讨论、跨院调卷等。

人民法院利用电子卷宗实现文件数据化、回填案件信息、文书辅助生成、卷宗自动归档等智能化应用。

第二十一条 人民法院通过智慧服务系统相应平台和司法区块链核验当事人通过区块链平台提交的相关电子文件和数据等证据材料。

第二十二条 当事人及其代理人可以通过人民法院在线服务、电子诉讼平台、诉讼服务网等平台获知相应的平台门户、通信带宽和显示分辨率等技术条件要求，开展在线证据交换、在线举证质证。

第二十三条 人民法院通过智慧服务、智慧审判、智慧执行、司法区块链等平台，支持对经当事人及其代理人在线举证质证后的证据材料的真实性、合法性和关联性的认定和重现。

第二十四条 当事人及其代理人可以通过智慧服务系统提交在线阅卷、在线查档申请。

人民法院按照相关规定从智慧审判、智慧执行和智慧管理系统中调取相应卷宗或档案流转至智慧服务系统，支持当事人及其代理人在线阅卷、在线查档。

第二十五条 人民法院、当事人及其代理人、证人、鉴定人等可以通过人民法院在线服务、电子诉讼平台、诉讼服务网等平台，按照相关技术条件要求，通过科技法庭、电脑和移动终端设备开展在线视频庭审，开展在线庭前准备、法庭调查、法庭辩论、语音转写、笔录签名等庭审活动，人民法院应当按照相关规定保存庭审过程中的音视频和文字材料。

第二十六条 受送达人可以通过人民法院在线服务、人民法院送达平台、诉讼服务网和中国审判流程信息公开网等平台在线查阅、接收、下载和签收相关送达材料。

人民法院通过智慧审判、智慧执行系统，对接人民法院送达平台，记录各方参与主体的电子邮箱、即时通讯账号、诉讼平台专用账号等电子地址，按照有关规定进行在线送达、接受送达回执，实现在线送达所有环节信息全程留痕，记录并保存送达凭证。

第二十七条 当事人及其代理人可以通过人民法院在线服务、在线保全等平台向有管辖权的法院申请保全、提交或补充申请信息和材料，交纳保全费，也可以在线提起解除保全、续行保全、保全复议等。

当事人及其代理人可以通过人民法院在线服务、在线保全等平台在线向第三方担保机构申请担保，申请通过后在线交纳担保费，也可以在线取消、变更担保等。

第三方担保机构在当事人交纳担保费用后，可以在线出具电子担保书，支持当事人及其代理人在线查看、下载电子担保书。

人民法院通过智慧审判和智慧执行系统对接智慧服务系统在线进行保全审核和后续业务办理。

第二十八条 人民法院通过智慧审判系统、智慧执行系统对接智慧服务系统，依职权或当事人申请，在线发起委托鉴定、选择鉴定机构、移送鉴定材料。

鉴定机构可以通过人民法院在线服务、在线鉴定等平台在线受理委托任务、审阅鉴定相关检材、出具鉴定意见书或报告书；鉴定申请人可以在线查阅鉴定意见书或报告书，在线提出异议或者申请出庭；人民法院可以在线对异议或出庭申请进行审核及答复。

第二十九条 当事人及其代理人可通过人民法院在线服务、12368诉讼服务热线、诉讼服务网、人民法院调解平台等平台联系人民法院，进行案件调解、审判、执行、阅卷、查档、信访、送达以及预约事项办理信息的在线咨询查询。

第三十条 人民法院通过智慧审判系统实现案件电子卷宗的随案同步生成和深度应用，支持电子卷宗智能编目、信息自动回填、在线阅批、一键归档、上诉审移送与查阅，支持案件收案、分案、庭审、合议、裁判、结案、归档全流程网上办理；对接司法数据中台和智慧法院大脑，提供案件数据服务、案情智能分析、类案精准推送、文书辅助生成等智能辅助应用；依法按需实现法院内部、不同法院之间、法院与协同部门之间的卷宗信息共享和业务协同。

第三十一条 人民法院通过智慧执行系统实现执行案件全程在线办理、执行活动全程留痕、全方位多层次监控，支持在线采取财产查控、询价评估、拍卖变卖、案款发放、信用惩戒等执行措施。

第三十二条 人民法院通过电子档案管理信息系统，按照档案相关法律法规，在线完成电子档案的收集、保存和提供利用。

第三十三条 当事人及其代理人按照依法、自愿、合理的原则，可将诉讼、调解等环节由线上转为线下，或由线下转为线上进行；人民法院在线运行方式支持部分参与者采用线上、其他参与者采用线下的方式参与诉讼、调解等活动。

诉讼、调解活动采用线下办理的，人民法院应当及时将相关案件材料制作形成电子卷宗，并上传至智慧法院相关信息系统纳入管理。

四、运行管理

第三十四条 各级人民法院应当按照信息安全等级保护要求，确定智慧法院信息系统的安全保护等级，制定安全管理制度和操作规程，确定网络安全责任人，落实网络安全保护责任。

各级人民法院应当通过安全保障系统防范计算机病毒和网络攻击、网络侵入等危害网络安全的行为，通过安全隔离交换平台支持跨网系信息互通的同时防范网间恶意入侵、非法登录和数据窃取等行为，监测、记录并留存相关信息系统运行状态和网络安全事件，强化关键信息基础设施运行安全，建立健全用户信息保护机制，加强网络安全监测预警与应急处置能力。

各级人民法院应当开展与等级保护标准相符合的信息系统安全保障建设和测评以及密码应用安全评估。

第三十五条 各级人民法院应当确保智慧法院信息系统相关数据全生命周期安全，制定数据分类分级保护、数据安全应急处理和数据安全审查等制度。

各级人民法院应当通过安全保障系统建立相关信息系统数据权限管理和数据安全风险信息获取、分析、研判和预警机制，遵循“安全、必要、最小范围”原则实现数据共享和安全管控，保证在线诉讼、在线调解等司法活动中的个人隐私、个人信息、商业秘密、保密商务信息、审判执行工作秘密等数据依法予以保密，不被随意泄露或非法向他人提供。

第三十六条 各级人民法院应当指导、监督智慧法院信息系统建设、运行和管理中的个人信息保护工作，接受、处理在线诉讼、在线调解活动中个人信息保护有关的投诉和举报，定期组织对各类信息系统个人信息保护情况进行测评并公布结果，调查、处理在线诉讼、调解等司法活动中的违法处理个人信息行为。

各级人民法院应当加强司法公开工作中的个人信息保护，严格执行法律规定的公开范围，依法公开相关信息，运用信息化手段支持个人敏感信息屏蔽、司法公开质量管控。

第三十七条 各级人民法院应当通过运维保障系统，按照一线运维、二线运维和运行质效分析等方式支持智慧法院信息系统的运行维护保障，一线运维主要负责用户管理、权限分配、系统故障修复和应急响应处理等，二线运维主要负责信息系统运行状态和质效的监控分析，最高人民法院及各高级人民法院应当定期组织进行智慧法院信息系统的运行质效分析，提出改进建议。

第三十八条 各级人民法院应当建立健全信息系统规划、立项、采购、建设、测试、验收、应用和评价等全生命周期管理体系，实现对智慧法院信息系统主机、软件、存储资源、通信网络、机房和专用设施场所等系统和设施的全面管理，支撑人民法院在线稳定运行。

第三十九条 各级人民法院应当建立健全人民法院在线运行相关数据生产、汇聚、存储、治理、加工、传输、使用、提供、公开等过程管理机制，明确数据管理责任，全面提升数据质量，提高数据应用能力。

第四十条 各级人民法院应当制定应急计划，及时有效处理人民法院在线运行过程中出现的停电、断线、技术故障、遭受网络攻击、数据安全漏洞等突发事件。无法立即修复故障时，各级人民法院应当根据故障性质暂停提供相关服务，及时向用户告知故障信息，直至系统恢复正常，并记录保存故障信息。

第四十一条 各级人民法院应当依据相关法律规定，与企业院校开展合作，推进智慧法院信息系统建设、运行、维护，支持、组织、监督合作单位依照法律规定和合同约定履行义务，严格实施合作单位人员的出入、驻场、工作、培训、安全、保密、廉政和离职管理，确保合作单位不得利用工作便利擅自更改、留存、使用、泄露或者向他人提供相关工作信息。

第四十二条 各级人民法院应当优先推广应用全国法院统建信息系统，推进各地法院自研系统接入相应全国统建系统。

第四十三条 人民法院应当在符合安全要求的前提下加强与外部相关信息系统的按需对接和在线业务协同。

第四十四条 各级人民法院应当积极通过各种渠道向社会公众宣传智慧法院建设的重大意义，推广普及智慧法院相关信息系统应用，针对各类用户做好培训、咨询以及必要的应用演练，建立用户满意度评价、跟踪、反馈、改进机制，不断提升人民法院在线运行效能。

五、附　则

第四十五条 本规则自 2022 年 3 月 1 日起施行。

最高人民法院
关于加强区块链司法应用的意见

2022年5月23日　　法发〔2022〕16号

为深入贯彻落实习近平法治思想和习近平总书记关于积极推动区块链技术为人民群众提供更加智能、更加便捷、更加优质公共服务的重要指示精神，贯彻落实《中华人民共和国国民经济和社会发展第十四个五年规划和2035年远景目标纲要》和《“十四五”国家信息化规划》，充分发挥区块链在促进司法公信、服务社会治理、防范化解风险、推动高质量发展等方面的作用，全面深化智慧法院建设，推进审判体系和审判能力现代化，结合人民法院工作实际，制定本意见。

一、总体要求

（一）指导思想。以习近平新时代中国特色社会主义思想为指导，深入贯彻习近平法治思想和习近平总书记关于网络强国的重要思想，紧紧围绕“努力让人民群众在每一个司法案件中感受到公平正义”的目标，坚持服务大局、司法为民、公正司法，大力推动区块链技术与多元解纷、诉讼服务、审判执行和司法管理工作深度融合，积极应用区块链平台服务社会治理、优化营商环境、加强诚信体系建设、防范化解重大风险、支持构建新发展格局，努力创造更高水平的数字正义。

（二）总体目标。到2025年，建成人民法院与社会各行各业互通共享的区块链联盟，形成较为完备的区块链司法领域应用标准体系，数据核验、可信操作、智能合约、跨链协同等基础支持能力大幅提升；区块链在多元解纷、诉讼服务、审判执行和司法管理工作中得到全面应用，有效促进司法公信，提升司法效率，强化廉洁司法；司法区块链跨链联盟融入经济社会运行体系，实现与政法、工商、金融、环保、征信等多个领域跨链信息共享和协同，主动服务营商环境优化、经济社会治理、风险防范化解和产业创新发展，助力平安中国、法治中国、数字中国和诚信中国建设，形成中国特色、世界领先的区块链司法领域应用模式，为新时代我国经济社会数字化转型和高质量发展提供坚强有力的司法服务和保障。

（三）基本原则。坚持依法统筹、注重协同联动。依法依规加强区块链基础设施统筹规划，面向经济社会发展和审判执行工作需要，开展区块链司法领域应用顶层设计，加强与各行各业跨链协同应用模式研究，促进多方数据共享和协同应用。

坚持开放共享、注重标准先行。建设与社会各行各业互通共享的区块链联盟，形成共性基础技术支持能力，建立统一、开放的区块链司法领域应用技术标准体系，为跨部门节点接入、跨行业数据共同维护和利用提供规范化服务。

坚持应用牵引、注重创新发展。以司法为民、公正司法和服务社会治理为牵引，充分发挥区块链在优化业务流程、提升协同效率、建设可信体系等方面的作用，持续推进区块链在司法领域深度应用，不断提高跨领域自动执行能力。

坚持安全可靠、注重有序推进。以安全可信为前提，着力提升上链数据和智能合约的准确可控水平，确保数据安全，保护个人信息，推动形成区块链在司法领域稳中求进、有序发展、安全可靠的应用生态。

二、人民法院区块链平台建设要求

（四）加强区块链应用顶层设计。遵照法律规范要求，按照内外部高效协同的总体思想，针对法院业务应用和服务社会治理协同应用需求，系统开展区块链在司法领域应用的场景设计。针对内、外网协同应用需求，形成全国统一、支持跨网系、跨链协同司法应用的区块链总体建设方案。

（五）持续推进跨链协同应用能力建设。针对主动服务经济社会治理和司法业务应用场景，构建基于分布式标识、互联互通、跨链互信的区块链联盟基础设施，有效整合执行区块链已有建设成果，充分发挥联盟链技术特点，加强司法区块链平台与各行业区块链平台跨链联盟建设，持续提升协同能力。

（六）提升司法区块链技术能力。联合优势力量，开展关键技术攻关，打造开放共享的全国法院司法区块链平台，提高数据核验、可信操作、智能合约、跨链协同等基础技术能力，支持各级人民法院基于司法链平台开展业务创新应用。

（七）建设互联网司法区块链验证平台。基于全国司法区块链平台数据，在互联网端建设司法区块链验证平台，支持当事人等相关主体对调解数据、电子证据、诉讼文书等司法数据进行真伪核验。

（八）建立健全标准规范体系。建立健全区块链在司法领域应用的技术标准和管理规范，为与相关领域区块链平台和节点接入互通、共享协同提供技术指引和标准接口支持。

三、充分运用区块链数据防篡改技术，进一步提升司法公信力

（九）保障司法数据安全。推进人民法院电子卷宗、电子档案、司法统计报表、案件结案状态等司法数据上链存储，确保司法数据防篡改，提升数据安全水平。

（十）保障电子证据可信。健全完善区块链平台证据核验功能，支持当事人和法官在线核验通过区块链存储的电子证据，推动完善区块链存证的标准和规则，提升电子证据认定的效率和质量。

（十一）保障执行操作合规。推动执行案件信息、当事人信息、组织机构信息、执行通知、财产查控、财产处置、案款收发、信用惩戒、执法取证、执行互动、案件报结、卷宗归档等数据和操作上链存证，常态化开展执行全业务流程操作安全审计，进一步规范执行操作行为，探索开展执行查控等敏感操作在线闭环验证，确保可靠无误。

（十二）保障司法文书权威。推动人民法院送达的诉讼文书和送达回执在司法区块链平台统一存储，支持在互联网端查验送达文书，保证送达全流程安全可靠，维护司法权威。

四、充分发挥区块链优化业务流程的重要作用，不断提高司法效率

（十三）支持立案信息流转应用。建立立案登记材料分级分类自动流转业务规则，支持在材料提交限定期满后案件实现分级分类自动立案，巩固立案登记制改革成果，提高立案效率。

（十四）支持调解与审判流程衔接应用。建立调解协议不履行自动触发审判立案、执行立案等业务规则和智能合约程序，增强调解程序司法权威，支持多元纠纷化解。

（十五）支持审判与执行流程衔接联动。全面推进审判与执行办案系统信息互通和数据共享，探索建立裁判文书不履行自动触发执行立案等业务规则和联动机制，优化审执衔接，畅通信息流转，减少重复工作，支持切实破解执行难。

（十六）支持提升执行效率。探索建立符合条件的执行案件自动发起查询、冻结、扣划以及执行案款自动发放智能合约机制，在确保程序合规

的前提下简化审批环节；建立对统查财产线索足额终本案件、对不履行义务的执行和解案件，无需单独提起立案流程即可自动立案恢复执行的智能合约机制。

（十七）支持执行干警便捷办案。运用区块链技术推动网络查控、评估拍卖、案款收发、失信限消、事项委托、电子卷宗随案生成等向移动端延伸，形成去中心化、去网系化、去系统化的数据串联，方便执行干警随时随地办理执行事务。

五、充分挖掘区块链互通联动的巨大潜力，增强司法协同能力

（十八）提高律师资质验证协同能力。针对律师资质验证需求，构建人民法院与司法行政部门跨链协同应用，支持实现参与诉讼活动的律师资质、信用报告在线查询及核验，提高核验实时性。

（十九）提高政法部门案件协同办理能力。针对减刑假释、刑事、民商事等案件跨部门协同办理和公民身份认证等需求，构建人民法院与检察、公安、司法行政等部门的跨链协同应用，提高案件在线流转效率和数据互信水平。

（二十）提高跨部门协同执行能力。针对被执行人财产查控、失信被执行人联合惩戒等需求，构建人民法院与行政执法、不动产登记、金融证券保险机构、联合信用惩戒等单位的跨链协同应用，建立自动化执行查控和信用惩戒模式，提高协同执行工作效率。

六、充分利用区块链联盟互认可信的价值属性，服务经济社会治理

（二十一）保护知识产权。构建与版权、商标、专利等知识产权区块链平台的跨链协同机制，支持对知识产权的权属、登记、转让等信息的查询核验，为知识产权案件的证据认定等提供便利，更好地服务国家创新驱

动战略实施。

（二十二）支持营商环境优化。构建与市场监管、产权登记和交易平台等区块链平台的跨链协同应用机制，支持对企业基本信息、企业股权变动、企业间关联关系、不动产和动产权属状况、融资租赁、贵金属交易等权属登记和交易状况信息的查询核验，为权属认定和产权交易提供便利，促进基于数据与信用的分级分类监管体系建设，更好地服务国家营商环境建设。

（二十三）支持数据开发利用。构建与数据权属、数据交易等区块链平台的跨链协同应用机制，支持对数据确权、数据交易等过程信息的查询核验和智能合约处置，助力数据要素市场构建和数据价值释放，更好地服务国家大数据战略实施。

（二十四）支持金融信息流转应用。构建与金融机构区块链平台的跨链协同应用机制，支持对金融贷款合同、信用卡等审批、履行、违约过程信息的查询核验和智能合约处置，更好地服务金融风险防范化解。

（二十五）支持企业破产重组。构建与相关政府部门区块链平台的跨链协同应用机制，支持对债务人企业的经营信息和涉诉涉执行信息互通共享，支持债权申报信息在线验证质证，在保障全体债权人知情权和查阅权的同时，强化债权审核公开透明，并进一步确保网络债权人会议的表决效力，更好地服务市场主体救治和退出。

（二十六）支持征信体系建设。构建与全国信用信息共享平台、国家企业信用信息公示系统和失信惩戒部门的跨链协同应用机制，支持对失信被执行人、限制高消费信息的查询核验和智能合约处置，确保失信信息可信产生、安全传播和合规使用，更好地发挥联合失信惩戒作用，助力健全以信用为基础的新型监管机制，服务社会信用体系建设。

七、保障措施

（二十七）加强组织领导。各级人民法院要高度重视区块链在司法领域的建设和应用，加强统筹协调，明确任务牵头部门负责区块链应用整体推进和管理。

（二十八）建立协同机制。各级人民法院要统筹辖区区块链应用重点，联合其他政法单位、社会机构等力量强化协同工作机制，共同推进区块链在司法领域的应用。

（二十九）加大支持力度。各级人民法院要将区块链应用工作纳入智慧法院建设规划统筹组织实施，并与地方政府社会治理创新相结合，争取经费支持，加大推进力度。

（三十）注重应用示范。各级人民法院要面向服务经济社会发展和人民法院业务需求，选择较为成熟的应用场景开展典型应用示范，形成可复制、可推广的创新模式。

（三十一）确保安全可靠。各级人民法院要健全事前审核和测试评估机制，确保上链数据真实性、准确性、合规性以及链上链下数据一致性，确保智能合约的合法性、有效性、安全性和可靠性。

（三十二）积极宣传引导。各级人民法院要加强成功案例宣传推介，面向法院干警开展区块链技术应用培训，全面提升区块链在司法领域的应用成效。

最高人民法院
关于规范和加强人工智能司法应用的意见

2022年12月8日　　　　　　　　法发〔2022〕33号

为深入学习贯彻党的二十大精神，深入贯彻习近平法治思想，贯彻落实《中华人民共和国国民经济和社会发展第十四个五年规划和2035年远景目标纲要》和《新一代人工智能发展规划》，推动人工智能同司法工作深度融合，全面深化智慧法院建设，努力创造更高水平的数字正义，结合人民法院工作实际，制定本意见。

一、指导思想

1. 坚持以习近平新时代中国特色社会主义思想为指导，深入贯彻习近平法治思想，坚持司法为民、公正司法工作主线，加快推进人工智能技术与审判执行、诉讼服务、司法管理和服务社会治理等工作的深度融合，规范司法人工智能技术应用，提升人工智能司法应用实效，促进审判体系和审判能力现代化，为全面建设社会主义现代化国家、全面推进中华民族伟大复兴提供有力司法服务。

二、总体目标

2. 到2025年，基本建成较为完备的司法人工智能技术应用体系，为司法为民、公正司法提供全方位智能辅助支持，显著减轻法官事务性工作负担，有效保障廉洁司法，提高司法管理水平，创新服务社会治理。到2030年，建成具有规则引领和应用示范效应的司法人工智能技术应用和理论体系，为司法为民、公正司法提供全流程高水平智能辅助支持，应用规范原则得到社会普遍认可，大幅减轻法官事务性工作负担，高效保障廉洁司法，精准服务社会治理，应用效能充分彰显。

三、基本原则

3. 安全合法原则。坚持总体国家安全观，禁止使用不符合法律法规的人工智能技术和产品，司法人工智能产品和服务必须依法研发、部署和运行，不得损害国家安全，不得侵犯合法权益，确保国家秘密、网络安全、数据安全和个人信息不受侵害，保护个人隐私，促进人机和谐友好，努力提供安全、合法、高效的智能化司法服务。

4. 公平公正原则。坚持遵循司法规律、服务公正司法，保证人工智能产品和服务无歧视、无偏见，不因技术介入、数据或模型偏差影响审判过程和结果的公正，同时尊重不同利益诉求，能够根据司法需求公平提供合理可行方案，充分照顾困难群体、特殊群体，使其在司法活动中获得必要帮助，实现智能化司法服务对各类用户的普适包容和机会均等。

5. 辅助审判原则。坚持对审判工作的辅助性定位和用户自主决策权，无论技术发展到何种水平，人工智能都不得代替法官裁判，人工智能辅助结果仅可作为审判工作或审判监督管理的参考，确保司法裁判始终由审判人员作出，裁判职权始终由审判组织行使，司法责任最终由裁判者承担。各类用户有权选择是否利用司法人工智能提供的辅助，有权随时退出与人工智能产品和服务的交互。

6. 透明可信原则。坚持技术研发、产品应用、服务运行的透明性，保障人工智能系统中的司法数据采集管理模式、法律语义认知过程、辅助裁判推定逻辑、司法服务互动机制等各个环节能够以可解释、可测试、可验证的方式接受相关责任主体的审查、评估和备案。司法人工智能产品和服务投入应用时，应当以便于理解的方式说明和标识相应的功能、性能与局限，确保应用过程和结果可预期、可追溯、可信赖。

7. 公序良俗原则。坚持将社会主义核心价值观融入司法人工智能技术研发、产品应用和服务运行全过程，保证人工智能司法应用不得违背公序良俗，不能损害社会公共利益和秩序，不能违背社会公共道德和伦理，健全风险管控、应急处置和责任查究机制，防范化解人工智能司法应用中可能产生的伦理道德风险。

四、应用范围

8. 加强人工智能全流程辅助办案。支持证据指引与审查、法律法规推送、类案推送、全案由裁判辅助、法律文书辅助生成、法律文书辅助审查等智能化应用，促进裁判尺度统一，保障司法公正，维护司法权威。

9. 加强人工智能辅助事务性工作。支持电子卷宗自动分类归目、案件信息自动回填、案件繁简分流、送达地址及方式自动推荐、司法活动笔录自动生成、执行财产查控辅助、电子卷宗自动归档等智能化应用，降低各类人员工作负担，提高司法效率。

10. 加强人工智能辅助司法管理。支持案件裁判偏离度预警、终本案件核查、不规范司法行为自动巡查、廉洁司法风险防控等智能化应用，提升司法管理质效，保障廉洁司法。

11. 加强人工智能服务多元解纷和社会治理。支持司法资源推荐、诉讼和调解咨询问答、诉讼预期辅助评估、社会治理风险预警与辅助决策等智能化应用，为化解社会矛盾、服务社会治理提供新的途径和方式。

12. 不断拓宽人工智能司法应用场景和范围。结合人工智能技术创新进程和人民法院改革发展实践，积极探索诉讼服务、审判执行、司法管理和服务社会治理等领域的重大应用场景，不断拓展新的应用范围。

五、系统建设

13. 加强人工智能应用顶层设计。按照人民法院信息化建设发展规划部署，设计完善智慧法院人工智能相关信息系统体系架构和技术标准体系，丰富拓展人工智能司法应用场景，建立健全人工智能系统信息安全和运维保障制度，指导和规范各级人民法院人工智能系统建设。

14. 加强司法数据中台和智慧法院大脑建设。加快推进司法数据库、数据服务平台、司法知识库、人工智能引擎、知识服务平台和司法区块链平台等系统的建设和集成，打造实体化司法数据中台和智慧法院大脑，为面向各类业务的人工智能司法应用提供核心驱动。

15. 加强司法人工智能应用系统建设。围绕人民法院司法活动典型业务场景，以提升智能化水平为主线，促进司法数据中台和智慧法院大脑与智慧服务、智慧审判、智慧执行和智慧管理等业务应用系统融合集成，不断提供满足司法业务需求、符合先进技术发展方向的司法人工智能产品和服务。

16. 加强司法人工智能关键核心技术攻关。依托国家重点工程、科研项目和科技创新平台，组织产学研优势力量，发挥学科交叉催化剂作用，针对面向司法语境的大规模预训练语言模型及其应用、多模态司法大数据高效处理方法、司法数据驱动与知识引导相结合的深度神经网络模型构建与样本学习方法、基于法律知识增强的可解释检索和推理模型、面向司法效能提升的人机交互范式、基于新一代人工智能的审判辅助系统等关键核心技术集智攻关，为司法人工智能系统建设提供牵引和支撑。

17. 加强基础设施建设和安全运维保障。根据司法人工智能对算力、通信和服务能力的需求，科学合理地规划和建设通信网络、计算存储、通用终端设备和专用信息化设施等信息基础设施，强化网络安全、数据安全和个人信息保护能力，完善人工智能运行维护机制，为人工智能司法应用提供必要的保障条件。

六、综合保障

18. 提高思想认识，加强组织领导。高度重视人工智能应用对司法为民、公正司法的重要意义，以智慧法院新一代人工智能示范应用为契机，找准工作结合点、切入点，把握发展规律，争取资金支持，注重宣传培训，引导干警充分参与，努力推动司法人工智能应用取得突破。

19. 促进协同创新，保护知识产权。加强司法大数据质量管控，完善跨部门、跨层级、跨业务的司法数据协同共享和智能化服务共建共享机制，支持司法人工智能科技创新和专利、软件著作权申报，切实保护相关知识产权。

20. 加强安全保障，防范安全风险。加强司法数据分类分级管理，强化重要数据和敏感信息保护，完善司法数据安全共享和应用模式，通过司法人工智能伦理委员会等机制，综合采用伦理审核、合规审查、安全评估等方式，防范化解人工智能应用过程中的安全风险。

附录：2013—2022 年智慧法院建设大事记

2013 年

一月

1 月 5 日　全国法院执行案件信息系统升级版正式开通。全国法院执行案件信息系统是执行联动机制的基础性信息支撑平台，目的是通过发布或使用被执行人不良信息记录的方式，促使当事人守法守信。

二月

2 月 26 日　《人民法院报》开通官方微博，以加强报社与读者、受众以及社会各界的沟通交流，提升人民法院的司法公信力和形象。

三月

3月10日　最高人民法院工作报告提出推动"天平工程"建设，推动网上办案等措施。"天平工程"是一项为审判服务的国家电子政务工程，这一工程的顺利实施，将更大程度地提升法院的服务质量、提高审判的透明度，也将给人民群众的诉讼活动带来极大便利。

五月

5月24日　北京市高级人民法院与中国工商银行北京分行正式签约启动"查、冻一体化办公系统"。该系统可为执行法官提供联网操作，实时发起对被执行人在工商银行北京分行所辖各支行和网点的银行存款的查询、冻结、续冻和解冻。

七月

7月1日　中国裁判文书网正式开通，最高人民法院在中国裁判文书网公布第一批裁判文书。这是最高人民法院贯彻落实习近平总书记关于加大司法公开力度的重要论述、积极回应人民群众对司法公开的关注和期待、主动接受社会监督的重要举措，标志着人民法院裁判文书公开工作迈出了历史性的关键一步。

7月1日　最高人民法院审判委员会第1582次会议通过《关于公布失信被执行人名单信息的若干规定》，建立失信被执行人名单制度，促使被执行人自觉履行生效法律文书确定的义务，推进社会信用体系建设。该规定7月16日发布，10月1日起实施。

7月1日　《最高人民法院裁判文书上网公布暂行办法》实施。该办法是最高人民法院第一个专门规范自身裁判文书上网公布工作的制度性文件，明确了裁判文书上网公布的基本原则、文书范围、审核程序、当事人权利告知及保障、公众意见收集回应、监督保障措施等内容。

7月4日　全国高级法院院长座谈会在吉林长春召开，研究加强司法为民公正司法、提升司法公信力的思路和措施，对当前和今后一个时期人民法院工作进行部署。最高人民法院党组书记、院长周强出席会议并讲话。会议强调，要通过“天平工程”建设，建设审判流程公开、裁判文书公开、执行信息公开三大平台，进一步推进司法公开，促进司法公正。要建立完善案件信息数据库，加强司法统计工作，实现科学分类、多元检索，通过对海量数据的分析对比，形成有价值、高质量的决策依据。

八月

8月22日　全国法院第四次司法统计工作会议在青海西宁召开。最高人民法院党组书记、院长周强发表书面讲话。会议强调，司法统计是人民法院一项基础性、全局性、战略性工作，各级人民法院要树立“大数据”统计理念，全面采集、系统整合、深度挖掘司法信息资源，用好用活统计数据这座“宝藏富矿”。要充分利用“天平工程”，加快建成覆盖全国四级法院专网，着力建设全国法院司法信息大数据中心，强化以业务需求为主导，发挥司法统计的独特优势。

8 月 30 日　最高人民法院在北京举行人民法院与银行业执行合作签字仪式暨研讨会。最高人民法院执行局与中国农业银行、中国银行、中国建设银行、交通银行签订相同内容的备忘录，鼓励商业银行与人民法院建立网络专线，通过网络查询、冻结、扣划被执行人存款。最高人民法院执行局与各商业银行总行将以网络专线等方式共享失信被执行人名单信息，共同实施信用惩戒。双方将探索建立最高人民法院与商业银行总行之间“总对总”的、网络直接对接的执行查控机制。

九月

9 月 11 日　全国高级法院执行局长座谈会暨执行指挥中心试点推进会在北京召开。会议要求，要全力推进执行工作的信息化，通过信息化手段实现执行查控，扩大查控范围，强化网络查控机制的功能。要大力推进网络拍卖，鼓励通过信息化手段实现财产变现。要推动通过信息化手段构建执行指挥中枢系统以及对被执行人进行信用惩戒，多层面、多角度对债务人形成强大的威慑。

十月

10月9日　第一次人民法院信息化工作会议在北京召开，研究部署做好当前和今后一个时期信息化工作的任务目标和具体措施。最高人民法院党组书记、院长周强出席会议并讲话，要求各级人民法院紧紧抓住影响审判质量效率、影响司法公信力的关键环节，适应信息时代新要求，大力推进信息化在司法为民公正司法以及司法审判管理、司法人事管理、司法政务管理等方面的应用，以信息化促进司法公开公正。

10月15日　最高人民法院成立人民法院信息技术服务中心，履行最高人民法院网络安全和信息化领导小组办公室职责。

10月24日　全国法院失信被执行人名单信息公布与查询平台正式开通。

10月25日　最高人民法院制定并印发《人民法院信息化建设五年发展规划（2013—2017）》，提出在统筹协同发展、应用覆盖范围、信息共享和业务协同、信息安全保障能力、司法公开、司法便民利民等六个方面发展目标，确定加强软硬件基础设施建设、推进重要信息管理系统建设、深化司法信息资源开发利用、推动信息安全保障体系建设、完善业务技术标准规范建设等五个方面建设任务。

十一月

11 月 14 日　最高人民法院执行局与中国人民银行征信中心就失信被执行人名单信息纳入征信系统在北京签署合作备忘录。

11 月 21 日　官方微博 @ 最高人民法院在新浪网开通，官方微信（公众号：最高人民法院）在腾讯网开通。

11 月 27 日　全国法院司法公开工作推进会在广东深圳召开，中国裁判文书网与各高级人民法院裁判文书传送平台正式开通，最高人民法院党组书记、院长周强出席会议并主持开通仪式。会议指出，各级人民法院要深入学习贯彻落实党的十八届三中全会精神，加快“三大平台”建设，全面深化司法公开，努力实现阳光司法，努力让人民群众在每一个司法案件中都能感受到公平正义。全国 3500 多家法院的裁判文书将集中传送到统一的网络平台上进行公布。

11 月 28 日　最高人民法院召开新闻发布会，公布《最高人民法院关于推进司法公开三大平台建设的若干意见》和《最高人民法院关于人民法院在互联网公布裁判文书的规定》。《意见》包括五个部分 23 条，明确提出人民法院应当以促进社会公平正义、增加人民福祉为出发点和落脚点，全面推进司法公开三大平台建设。

十二月

12 月 11 日　　由中国法院网开办的“中国法院庭审直播网”正式上线。

2014 年

一月

1 月 1 日　《最高人民法院关于人民法院在互联网公布裁判文书的规定》正式实施。

1 月 1 日　最高人民法院机关办公平台正式启用。

二月

2 月 21 日　最高人民法院官网、中国法院网“给大法官留言”栏目正式开通。

2 月 23 日　中国法院视频网正式上线运行。中国法院视频网在原有中国法院视频台基础上，重新研发程序，以资讯、访谈、直播、文化、人物和专题六大板块为核心，对原有视频内容进行梳理，使浏览和查询更加方便。

2 月 28 日　最高人民法院“网上申诉信访平台”正式开通。

三月

3 月 20 日　最高人民法院联合中央文明办、公安部、国务院国资委、国家工商总局、中国银监会、中国民用航空局、中国铁路总公司八部门共同签署《“构建诚信、惩戒失信”备忘录》，对失信被执行人发出限制高消费令，将失信信息向政府相关部门、金融监管机构、金融机构、行业协会等进行通报，相关单位依照法律法规和有关规定等在交通出行、政府采购、招标投标、行政审批、政府扶持、融资信贷、市场准入、资质认定等方面，对失信被执行人予以信用惩戒。

四月

4 月 16 日　最高人民法院印发《最高人民法院远程视频接访规则》，指导全国法院开展远程视频接访工作。

4 月 23 日　最高人民法院执行局与中国进出口银行、中国农业发展银行、中国邮政储蓄银行、招商银行、兴业银行、平安银行、上海浦东发展银行、恒丰银行、浙商银行、渤海银行等十家政策性银行、商业银行共同签订执行信息合作备忘录，鼓励各级法院和银行各分支机构推进网络查控机制建设，使用失信被执行人名单信息共同实施信用惩戒。

五月

5月23日　最高人民法院党组中心组举行学习（扩大）会，就加强人民法院信息化建设进行专题学习。最高人民法院党组书记、院长周强在会上强调，要充分认识推进信息化建设的重要性，增强责任感和紧迫感，坚持以问题和需求为导向，全面推进最高人民法院和地方各级法院信息化建设，运用互联网思维，努力建设公正、高效、廉洁、为民的现代化法院。

5月30日　最高人民法院远程视频接访系统正式开通。全国3300余家法院实现了与该系统的互联互通。

六月

6月10日　最高人民法院党组中心组召开学习（扩大）会，研究部署新形势下人民法院保密和网络监管工作。最高人民法院党组书记、院长周强强调，要及时分析新情况，严格落实保密制度，自觉学习保密法规制度，努力掌握网络信息安全保密技能。要加强网络监管，健全网络信息安全防护措施，建立日常安全检查和应急处置机制，把网络信息安全风险降到最低。

6月20日　最高人民法院信息化建设工作领导小组召开2014年第一次

全体会议，最高人民法院党组书记、院长、信息化建设工作领导小组组长周强主持会议并讲话。会议强调，要扎实推进全国法院信息化建设，大力推进法院审判体系现代化和审判能力现代化，大力推进全国法院信息联网，逐步实现全国法院信息的互联互通。

七月

7月1日　最高人民法院建设的“人民法院大数据管理和服务平台”正式上线。该平台支持最高人民法院与各高级人民法院之间建立5分钟和每日案件数据动态更新机制，实现案件、文书和卷宗等审判执行信息全自动汇聚，初步具备信息总览、审判动态、司法统计、审判质效、专题分析、即席分析、信息搜索七项数据服务功能，还支持司法人事、司法政务、司法研究、信息化管理、外部数据等六大数据汇集，旨在形成一张覆盖全国各级法院和人民法庭的“数据大网”。

7月25日　全国法院执行信息化建设现场会在福建福州召开。最高人民法院党组书记、院长周强出席会议并讲话。会议指出，加强信息化建设是推动执行模式深刻变革的力量源泉动力，是参与社会诚信体系建设的重大举措，是促进司法公开的有效途径，是实现执行规范化建设的重要抓手手段。会议要求，全国各高级人民法院年底前要建成内外联动、功能齐全的执行指挥系统，最高人民法院届时将开始接收全国法院执行网络查控请求，并向当事人及社会公众公开执行信息。

八月

8月1日　最高人民法院审判流程信息公开平台开通，面向案件当事人、诉讼代理人及社会公众公开最高人民法院审理案件的流程信息，向社会公众提供审判事务公共信息查询服务，为全国法院统一公开审判流程信息奠定了基础。

8月19日至21日　最高人民法院党组书记、院长周强在青海西宁、海东等地就司法体制改革和法院信息化建设等工作进行调研，并看望慰问法院干警。

8月22日　最高人民法院党组书记、院长周强在甘肃调研时指出，各级人民法院要适应信息时代要求，善于运用互联网思维，坚持服务人民群众、服务审判执行、服务司法管理，大力加强信息化建设，努力实现人民法院审判体系和审判能力的现代化。并强调，信息化是新时期人民法院工作以及创新发展的重要支撑和引擎。要运用信息技术进一步扩展司法为民领域，建好诉讼服务中心信息平台，完善网上预约、立案、阅卷、开庭、信访等措施，建设和完善全国法院统一的12368诉讼服务系统，提升司法工作透明度。

8月23日　第二次人民法院信息化工作会议在甘肃兰州召开，最高人民法院党组书记、院长周强出席会议并讲话。会议强调，各级人民法院要适应信息时代要求，善于运用互联网思维，坚持服务人民群众、服务审判执行、服务司法管理，大力加强信息化建设，努力实现人民法院审判体系和审判能力的现代化，为经济社会发展提供更加有力的司法保障。

九月

9月9日　中国法院网改版正式上线，通过音视频、图片、互动等多角度全方位提升用户体验。

9月30日　最高人民法院信息化建设工作领导小组召开会议，最高人民法院党组书记、院长、信息化建设工作领导小组组长周强主持会议并讲话。会议强调，要完善信息管理中心建设并深化应用，提高大数据管理平台数据质量，进一步推进网上办公办案及内外网建设，加强网络信息安全保护工作。

十月

10月10日　最高人民法院和国家工商总局联合下发《关于加强信息合作规范执行与协助执行的通知》，对业务信息对接、网络执行查控以及股权收益冻结等事项提出具体要求和操作办法。《通知》要求，各级法院与工商行政管理机关要积极创造条件，通过网络专线、电子政务平台等媒介，将双方业务信息系统进行对接，建立网络执行查控系统，并逐步实现人民法院通过企业信用信息公示系统自行公示相关信息。法院与工商行政管理机关要建立被执行人、失信被执行人名单、刑事犯罪人员等信息交换机制，工商行政管理机关可以将其作为加强市场信用监管的信息来源。

10 月 20 日至 23 日　党的十八届四中全会召开，全会通过的《中共中央关于全面推进依法治国若干重大问题的决定》指出“构建开放、动态、透明、便民的阳光司法机制，推进审判公开、检务公开、警务公开、狱务公开，依法及时公开执法司法依据、程序、流程、结果和生效法律文书，杜绝暗箱操作。加强法律文书释法说理，建立生效法律文书统一上网和公开查询制度”，为人民法院进一步加强司法公开工作指明了方向。

十一月

11 月 1 日　中国执行信息公开网正式开通，实现全国法院执行案件信息、失信被执行人信息、终本案件信息、网络司法拍卖信息等内容统一、及时、自动公开。

11 月 13 日　中国审判流程信息公开网正式开通，并成为全国法院审判流程信息查询的统一入口。最高人民法院党组书记、院长周强在开通仪式上发表讲话并指出，中国审判流程信息公开网的开通，是人民法院贯彻落实党的十八届四中全会精神的重要举措，是司法公开三大平台建设的重中之重，是全国法院推进司法公开取得的又一重大进展。要求各级人民法院进一步认识审判流程信息公开的重要性，紧紧围绕“开放、动态、透明、便民”的要求，努力构建让人民群众满意的阳光司法机制。

11月18日至19日　第四次全国涉外商事海事审判工作会议在天津举行。会议强调，要充分运用信息化手段促进涉外商事海事审判工作，高度关注大数据、云计算、移动互联网等现代信息技术在投资、贸易、航运、保险等方面的应用，突出专业特色，努力打造涉外法律信息共享平台和交流互动平台，大力推进司法公开。

十二月

12月24日　最高人民法院举行执行指挥办公室挂牌暨执行指挥系统开通活动，最高人民法院党组书记、院长周强出席活动并讲话，强调要努力提高法院执行指挥系统建设和应用水平，为推进执行工作改革发展、进一步解决执行难问题提供科技和制度保障，要全力推进执行信息化和执行规范化建设，实现四级法院执行系统纵向贯通，并与执行联动单位横向联网，提高执行效能，让当事人及时实现胜诉权益。

12月24日　在中国银监会、中国银行业协会、各银行业金融机构的支持配合下，最高人民法院先后与中国工商银行、农业银行、建设银行、中国银行、交通银行等21家全国性银行业金融机构建立“总对总”网络查控系统，并正式开通运行。

12 月 31 日　最高人民法院举行政务网站改版暨诉讼服务网开通活动，最高人民法院党组书记、院长周强出席活动并讲话。周强强调，改版政务网站、建设诉讼服务网，是最高人民法院全面深化司法公开、不断加强诉讼服务工作的又一重要举措，对于更好地促进司法为民、公正司法具有重要意义。各级人民法院要以此为契机，大力推进人民法院信息化建设，进一步服务审判执行工作，便利人民群众诉讼，构建开放、动态、透明、便民的阳光司法机制，真正把政务网站和诉讼服务网建设成为展示司法文明、方便群众诉讼的窗口。

2015 年

二月

2 月 4 日　《最高人民法院关于全面深化人民法院改革的意见——人民法院第四个五年改革纲要（2014—2018）》发布，确立全面深化人民法院改革的总体思路，提出全面深化人民法院改革的五项基本原则，围绕建成具有中国特色的社会主义审判权力运行体系这一关键目标，提出 7 个方面 65 项司法改革举措。“推动人民法院信息化建设”为 65 项司法改革举措之一。

2 月 12 日　中央政法委召开以信息化推进政法工作现代化现场会。中央政法委副秘书长王其江强调，政法单位要认真贯彻落实孟建柱同志关于政法信息化工作的重要指示精神，深入学习最高人民法院信息化工作经验，推动政法工作向善于运用信息化手段转变，以信息化推进政法工作现代化。

三月

3 月 10 日　最高人民法院召开新闻发布会，发布《中国法院的司法公开》（白皮书），就人民法院积极利用信息科技和新媒体技术，拓宽和创新司法公开途径的方式做了介绍。

3 月 12 日　第十二届全国人民代表大会第三次会议举行第三次全体会议，最高人民法院院长周强作最高人民法院工作报告。报告提出，深入推进司法公开，着力构建开放、动态、透明、便民的阳光司法机制。大力实施“天平工程”，加强法院信息化建设，深化司法公开，实现审判执行全程留痕，推动审判执行工作机制深刻变革，以司法公开和机制变革倒逼、促进司法公正。

3 月 25 日　最高人民法院信息化建设工作领导小组召开 2015 年第一次全体会议，最高人民法院党组书记、院长、信息化建设工作领导小组组长周强主持会议并讲话。会议强调，要紧紧围绕全面推进依法治国战略部署，以“四五”改革纲要为指导，以实现审判体系和审判能力现代化为目标，坚持服务人民群众、服务审判执行、服务司法管理三条主线，全力推进人民法院信息化建设转型升级，进一步提升司法为民公正司法的能力和水平。

四月

4 月 9 日至 10 日　最高人民法院信息中心主办的“人民法院信息化技术发展研讨会”在北京举行。最高人民法院信息中心作了人民法院信息化建设技术发展主题报告，河北、吉林、上海、安徽、湖北、海南等高级法院作了交流发言，部分信息技术服务行业及专家代表围绕“天平工程”建设等内容进行了技术交流。

五月

5月21日 最高人民法院党组书记、院长周强与科技部党组书记、副部长王志刚在最高人民法院信息管理中心调研。周强强调，人民法院要深刻把握“互联网+”时代特征，坚持创新驱动，充分运用现代信息技术，加快智能化法院建设步伐，促进法院信息化转型升级，更好地服务当事人和社会公众。

六月

6月26日 最高人民法院举行信息化专题报告会，最高人民法院党组书记、院长周强出席会议并讲话。会议强调，要认真学习贯彻习近平总书记系列重要讲话精神，进一步统一思想、提高认识，坚持需求导向，突出工作重点，深入推进人民法院信息化建设，促进审判体系和审判能力现代化，为协调推进“四个全面”战略布局提供更加有力的司法服务和保障。

6月30日 国家图书馆人民法院分馆正式开通，这是国家图书馆第一个面向某一行业服务至全国范围工作人员的网上信息系统，面向全国四级法院开放。

6 月 30 日　经过全国四级法院的共同努力，中国裁判文书公开工作实现全国法院全覆盖、案件类型全覆盖、办案法官全覆盖。

七月

7 月 1 日至 2 日　全国高级法院院长座谈会在北京召开。最高人民法院党组书记、院长周强出席会议并讲话。会议强调，要充分认识大数据时代人民法院信息化建设的重要性，进一步增强责任感、使命感、紧迫感，强力推进信息化建设转型升级，加快建成全面覆盖、移动互联、跨界融合、深度应用、透明便民、安全可控的人民法院信息化 3.0 版，把中国的法院建设成为“网络法院”“阳光法院”“智能法院”。

7 月 7 日　最高人民法院党组书记、院长周强到最高人民法院信息中心现场办公，听取信息中心、审管办、国家法官学院等部门负责同志关于贯彻全国高级法院院长座谈会精神、进一步推进法院信息化建设的情况汇报，强调对信息化建设必须紧紧扭住不放，一抓到底，以信息化建设更好地方便群众诉讼，提高司法水平。

7 月 20 日　最高人民法院发布《关于修改〈最高人民法院关于限制被执行人高消费的若干规定〉的决定》，明确将信用惩戒的范围拓宽至限制高消费及非生活或者经营必需的有关消费，明确规定对失信被执行人应当采取限制消费措施，增加采取限制消费措施的内容与力度，继续加大被执行人消费限制力度，形成多部门、多行业、多领域、多手段的联合惩戒。

八月

8月26日　全国法院执行工作座谈会在广西南宁召开。最高人民法院党组书记、院长周强出席会议并讲话。会议强调，要深入学习贯彻党的十八大和十八届三中、四中全会精神，以习近平总书记系列重要讲话精神为指导，认真分析人民法院执行工作面临的新形势新任务，全力推进执行信息化建设转型升级，稳妥开展审判权和执行权相分离改革试点，进一步加强执行队伍建设，促进人民法院执行工作再上新台阶，积极维护人民群众合法权益、维护社会公平正义。

十一月

11月2日　最高人民法院首批信息化专家咨询委员会委员考察最高人民法院信息中心，最高人民法院副院长贺荣出席考察活动并会见咨询委员会委员。

11月3日　全国法院第三次信息化工作会议在吉林长春召开，对人民法院信息化建设进行再部署，研究制定人民法院信息化3.0版建设任务。最高人民法院党组书记、院长周强出席会议并讲话。会议强调，各级人民法院要认真学习贯彻党的十八届五中全会精神，深入学习贯彻习近平总书记系列重要讲话精神，坚持以人民群众司法需求为导向，进一步推进信息化建设转型升级，加快建成人民法院信息化3.0版，促进审判体系和审判能力现代化。会议宣布《最高人民法院关于成立最高人民法院信息化专家咨询委员会并聘任首批委员的决定》，周强为最高人民法院聘任的信息化建设专家咨询委员会委员颁发聘书。

11月13日　最高人民法院与中国银行业监督管理委员会联合发布《人民法院、银行业金融机构网络执行查控工作规范》，依法规范人民法院与银行业金融机构之间的网络执行查控工作，推进网络执行查控机制建设，促进“总对总”网络查控系统不断拓展完善，为基本解决执行难提供有力支撑。

十二月

12月11日　全国工商失信被执行人信息共享交换应用系统正式上线运行。

12月15日　最高人民法院英文网站开通。

12月15日　中国裁判文书网全新改版升级。新版中国裁判文书网围绕“内容权威、技术先进”两大重点，坚持需求和问题导向，提供主动式智能化检索服务，还提供蒙、藏、维、朝鲜和哈萨克等语种文书的浏览和下载服务功能，以更好满足人民群众和专业用户对裁判文书的多样化需求。

12 月 25 日　最高人民法院与中国电子科技集团公司就战略合作框架协议进行签约，最高人民法院党组书记、院长周强出席活动并讲话强调，要认真学习贯彻习近平总书记系列重要讲话精神，顺应信息科技时代发展潮流，坚持问题导向和需求导向，全力推进人民法院信息化建设转型升级，努力建设“智能法院”。

12 月 30 日　由最高人民法院建设的人民法院内网网站正式上线，打通了全国不同地区、不同级别法院之间的业务交流渠道，能够为全国法院干警提供工作动态、司法文件、指导案例、互动交流、在线调查、文件交换、网上投票、司法改革、法院名录、平台性能优化等多种功能。

12 月 30 日　最高人民法院律师服务平台正式开通，经注册备案律师登录后，可通过该平台提出网上立案，并可享受网上阅卷、信息查询、电子送达、联系法官等诸多便捷服务。最高人民法院党组书记、院长周强出席活动并讲话。周强强调，要充分运用信息化建设成果，建设好、运用好律师服务平台，为律师依法履职创造良好环境，进一步发挥律师在全面依法治国中的重要作用，共同促进司法公正和法治文明进步。

2016 年

一月

1 月 4 日　中国法院博物馆网站正式运行。

1 月 29 日　最高人民法院信息化建设工作领导小组召开 2016 年第一次全体会议，最高人民法院党组书记、院长、信息化建设工作领导小组组长周强主持会议并讲话。会议强调，要深入学习贯彻习近平总书记系列重要讲话精神，牢固树立五大发展理念，准确把握“十三五”规划对人民法院信息化建设提出的新任务新要求，以促进审判体系和审判能力现代化为目标，坚持需求和问题导向，着力破解难题、补齐短板，全力推进人民法院信息化 3.0 版建设，进一步提升司法为民公正司法的能力和水平。

二月

2 月 22 日　最高人民法院召开专题会议，审议通过《人民法院信息化建设五年发展规划（2016—2020）》，以促进审判体系和审判能力现代化为目标，确立贯彻“创新、协调、绿色、开放、共享”发展理念，确定顶层设计、系统建设、保障体系、应用成效等四个方面 55 项重点建设任务，按照总体建成和深化完善分步跃升途径，打造全面覆盖、移动互联、跨界融合、深度应用、透明便民、安全可控的人民法院信息化 3.0 版。

三月

3 月 13 日　第十二届全国人民代表大会第四次会议在人民大会堂举行第三次全体会议，最高人民法院院长周强作最高人民法院工作报告。报告提出，继续深化司法公开，加快建设“智慧法院”。

3 月 31 日　最高人民法院“法信——中国法律应用数字网络服务平台”正式上线。

四月

4 月 12 日　《中国法院信息化第三方评估报告》在北京发布，中国社会科学院法学研究所从落实司法为民、推动司法公开、规范司法权运行、提升司法能力、服务国家治理等方面对中国法院信息化发展状况进行第三方评估。报告显示，以互联互通为主要特征的人民法院信息化 2.0 版已基本建成，信息化在服务民众、提升审判质效、强化司法执行、推动司法公开、助力司法改革、推进大数据应用等方面取得显著成效。

4月14日　人民法院信息化工作推进会在成都召开，研究部署司法统计并轨、司法大数据分析、电子卷宗随案同步生成和深度应用等重点工作。

4月29日　最高人民法院出台《关于落实“用两到三年时间基本解决执行难问题”的工作纲要》，确定“基本解决执行难”的总体目标，全力打造中国执行信息公开网，将执行案件流程信息、失信被执行人名单信息、执行裁判文书等及时向社会公开，保障当事人和社会公众对执行案件及执行工作的知情权、监督权，推进中国执行信息公开网进一步完善。

五月

5月1日　新修订的《中华人民共和国人民法院法庭规则》正式实施，对法庭信息公开的方式和内容，庭审直播录播的情形等作出明确规定，为庭审公开提供了法律依据和制度保障。

七月

7月13日　最高人民法院信息中心牵头申报的国家重点研发计划“公共安全风险防控与应急技术装备”重点专项2016年度“多元智能化诉讼服务及审判执行关键技术研究”项目立项，人民法院科技创新工作首次得到科技部国家重点研发计划重点专项支持。

7 月 15 日　最高人民法院信息化建设工作领导小组召开 2016 年第二次全体会议，最高人民法院党组书记、院长、信息化建设工作领导小组组长周强在会上发表讲话。会议强调，要深入学习贯彻习近平总书记系列重要讲话尤其是在网络安全和信息化工作座谈会上的重要讲话精神，全面贯彻落实党的十八大和十八届三中、四中、五中全会精神，坚定信心、开阔视野，扎实工作、精益求精，加快建设人民法院信息化 3.0 版，加快建设“智慧法院”，推进审判体系和审判能力现代化。

7 月 27 日　中共中央办公厅、国务院办公厅印发《国家信息化发展战略纲要》，将建设“智慧法院”列入国家信息化发展战略。

7 月 28 日　最高人民法院印发《关于全面推进人民法院电子卷宗随案同步生成和深度应用的指导意见》，坚持“以审判为中心、以便民为重点、以透明为保证、以质效为标准”原则，在全国法院推进电子卷宗随案同步生成和深度应用工作，打造审判辅助事务集约管理模式，推行基于电子卷宗的全流程网上办案，拓展电子卷宗在案件办理、诉讼服务与司法管理中的深度应用，促进办案智能化升级。

八月

8 月 1 日　“全国企业破产重整案件信息网”开通。

8月2日　最高人民法院发布《最高人民法院关于人民法院网络司法拍卖若干问题的规定》，对网络司法拍卖的平台准入规则、运行模式、各主体权责、具体的竞拍规则予以规范，以司法解释的形式明确网络司法拍卖是人民法院处置财产应当优先采取的方式，人民法院依法通过互联网拍卖平台，以网络电子竞价方式公开处置财产。

8月29日　最高人民法院审判委员会第1689次会议讨论通过修订的《最高人民法院关于人民法院在互联网公布裁判文书的规定》正式发布。

8月30日　中国裁判文书网APP手机客户端正式上线。

8月31日　最高人民法院在北京召开裁判文书公开专家研讨会，围绕裁判文书公开推动司法能力提升、裁判文书公开与司法大数据、裁判文书公开与个人信息保护、裁判文书公开工作的深化与完善等进行研讨。

九月

9月7日　全国海事法院派出法庭暨信息化建设工作会议在大连召开。会议要求，全面加强海事法院信息化建设，确保《人民法院信息化建设五年发展规划（2016—2020）》全面贯彻落实，尽快建成中国海事诉讼服务平台，为海事诉讼当事人提供更加优质高效的司法服务。努力率先将海事法院建设成为“智慧法院”，切实推进海事审判体系和审判能力现代化。

9 月 25 日　中共中央办公厅、国务院办公厅印发《关于加快推进失信被执行人信用监督、警示和惩戒机制建设的意见》。该意见分为总体要求、加强联合惩戒、加强信息公开与共享、完善相关制度机制和加强组织领导共五部分 60 条，围绕建立健全联合惩戒机制为核心，规定了 11 类 37 项联合惩戒措施。

9 月 27 日　“中国庭审公开网”开通。中国庭审公开网是全国法院统一、权威的庭审公开平台，这是最高人民法院继建成中国审判流程公开网、中国裁判文书公开网、中国执行信息公开网之后，开发建设的司法公开第四大平台，标志着开放、动态、透明、便民的阳光司法机制建设取得了突破性进展，人民法院司法公开工作进入了崭新的历史阶段。

9 月 27 日　最高人民法院信息中心牵头承担的国家重点研发计划“公共安全风险防控与应急技术装备”重点专项 2016 年度“多元智能化诉讼服务及审判执行关键技术研究”项目启动会在北京举行。

9 月 30 日　最高人民法院举办司法案例研究院揭牌暨“中国司法案例网”开通活动。最高人民法院党组书记、院长周强出席活动并讲话。

十月

10 月 26 日　全国法院涉诉信访信息化建设培训班在国家法官学院舟曲民族法官培训基地开班。

10 月 26 日　最高人民法院与国土资源部联合印发《关于推进信息共享和网络执行查询机制建设的意见》，要求各级人民法院与国土资源主管部门推进信息共享和网络执行查询机制建设，依法查询被执行人的不动产登记信息。

十一月

11 月 5 日　第十二届全国人民代表大会常务委员会第二十四次会议举行第三次全体会议，听取了最高人民法院院长周强作的《关于深化司法公开、促进司法公正情况的报告》。周强表示，法院系统将进一步提高对司法公开的认识，继续推进司法公开平台建设，完善司法公开的制度机制，强化对司法公开的人财物保障，加强司法公开成果应用，以公开倒逼提升队伍素质。

11 月 10 日　中国司法大数据研究院有限公司成立。

11 月 15 日　人民法院执行案件流程信息管理系统上线，实现全国执行案件在网上办理，实现对执行案件 37 个流程节点可视化监管，实现执行办案全程留痕、全程公开、全程监督。

11 月 17 日　第三届世界互联网大会智慧法院暨网络法治论坛在乌镇召开，中华人民共和国首席大法官、最高人民法院院长周强出席开幕式并致辞。来自全球 9 个国家的最高法院院长、大法官，有关国际组织负责人齐聚一堂，就法院信息化建设、网络法治等议题进行深入探讨。与会各国通过《乌镇共识》，就加强法院信息化建设和网络法治达成一致意见。

11 月 22 日　最高人民法院数字图书馆上线。

11 月 24 日　西藏林芝地区察瓦龙乡人民法庭接入法院专网，全国所有 3520 个法院、9239 个人民法庭和 39 个海事法庭全部接入法院专网，实现对各级人民法院组织体系的全面覆盖。

11 月 25 日　最高人民法院发布《最高人民法院关于司法拍卖网络服务提供者名单库的公告》，确定将淘宝网、京东网、人民法院诉讼资产网、公拍网及中拍网等平台纳入名单库。

十二月

12 月 14 日　最高人民法院“阳光司法让公正看得见”——“智慧法院”系列公众开放日活动首站在北京市高级人民法院举行，全国人大代表、北京市人大代表、北京市政协委员、北京法院特邀监督员、社区居民、在京大学生、媒体记者等 130

余人现场体验“智慧法院”带来的诉讼便利。

12 月 15 日　国务院印发《“十三五”国家信息化规划》，强调要着力发挥信息化的驱动引领作用，全面提升信息化应用水平，并明确指出支持“智慧法院”建设，推行电子诉讼，建设完善公正司法信息化工程。

12 月 30 日　全国法院司法统计与人民法院大数据管理和服务数据并轨，实现司法统计报表的全自动生成。

2017 年

一月

1 月 14 日　全国高级法院院长会议在北京召开。最高人民法院党组书记、院长周强出席会议并讲话。会议强调，要深入推进法院信息化建设，促进审判体系和审判能力现代化。要加快“智慧法院”建设，用大数据铸牢制约司法权的“数据铁笼”。要发挥信息技术对司法公开的支撑作用，让司法权始终在阳光下运行。要创新审判监督管理信息化，促进规范司法行为、提升审判质效。

1 月 21 日　“人民法院司法大数据研究基地”在东南大学挂牌成立。

二月

2 月 22 日　最高人民法院修订发布《关于人民法院庭审录音录像的若干规定》，要求庭审活动全程同步录音录像，借助诉讼服务平台为查阅庭审录音录像提供便利，同时注重发挥信息技术的优势，为提升审判质效增添助力。

2 月 23 日　中国社会科学院法学研究所发布法治蓝皮书《中国法院信息化发展报告 No.1（2017）》，并在北京召开新闻发布会。报告显示，以网络化、阳光化、智能化为标志的智慧法院已具雏形并在全国法院生根发芽。

2 月 23 日　最高人民法院召开智慧法院建设专题座谈会，最高人民法院党组书记、院长周强出席座谈会并讲话。会议强调，要坚持问题导向、需求导向，把握发展机遇，突出主攻方向，在社会各界共同支持下，加快智慧法院建设步伐，推进审判体系和审判能力现代化，促进司法为民、公正司法。

2 月 28 日　最高人民法院发布《最高人民法院关于修改〈最高人民法院关于公布失信被执行人名单信息的若干规定〉的决定》。

2 月 28 日　全国法院诉讼活动通知平台上线试运行，打通新浪微博、新浪邮箱、支付宝等网络渠道，向案件当事人提供诉讼通知发送服务，提升诉讼服务效果，同时为推进电子送达的业务规范完善进行技术验证和资源积累。

三月

3 月 31 日　最高人民法院信息化建设工作领导小组召开 2017 年第一次全体会议。最高人民法院党组书记、院长、信息化建设工作领导小组组长周强主持会议并讲话。会议强调，要进一步加大人民法院信息化建设力度，要进一步明确提出智慧法院概念、归纳智慧法院典型特征，指导全国智慧法院建设。会议审议通过了《关于加快建设智慧法院的意见》《人民法院信息化项目建设管理办法》等文件。

四月

4月7日　最高人民法院在安徽合肥召开全国法院减刑假释信息化办案平台建设推进会，最高人民法院党组书记、院长周强出席会议并讲话强调，要认真贯彻落实党中央关于进一步规范减刑假释工作的部署，全面推进减刑假释信息化办案平台建设，进一步规范减刑假释案件审判工作。

4月10日　最高人民法院组织最高人民法院信息中心、上海市高级人民法院、河北省高级人民法院、四川省高级人民法院、中国司法大数据研究院成立技术援藏专家组，开展信息化智力援藏工作。

4月12日　最高人民法院发布《最高人民法院关于加快建设智慧法院的意见》，要求各级人民法院深刻领会建设智慧法院的重大意义、正确理解建设智慧法院的工作目标、准确把握建设智慧法院的总体要求，加快建设智慧法院，推进审判体系和审判能力现代化。

4月23日至25日　中华人民共和国首席大法官、最高人民法院院长周强率中国法院代表团对克罗地亚共和国进行友好访问。在会见萨格勒布大学校长博拉斯时，周强表示愿意推动中国最高人民法院以及中国国家法官学院、司法案例研究院、司法大数据研究院等与萨格勒布大学及其法学院的交流合作，推动双方在法学研究、案例研究、大数据分析等方面开展合作。

五月

5月11日　全国法院第四次信息化工作会议在山东济南召开，最高人民法院党组书记、院长周强出席会议并讲话。会议强调，要通过信息化建设，切实提高司法决策管理科学化水平，进一步规范司法行为，防止司法权的滥用。会议要求，各级人民法院坚定信心、抓住机遇、攻坚克难，确保年底前总体建成人民法院信息化3.0版，初步形成智慧法院，为人民法院审判体系和审判能力现代化作出新的更大的贡献。

5月15日　中国司法案例网（anli.court.gov.cn）升级改版，并上线手机APP。

5月17日　最高人民法院在江苏苏州召开智慧法院建设国际研讨会。联合国开发计划署对中国法院智慧法院建设表示高度赞赏。会上，中国最高人民法院、孟加拉国最高法院、韩国大法院等法院的代表分别就本国法院信息化建设现状与技术应用作了主旨发言。

5月19日　全国31家高级人民法院及新疆维吾尔自治区生产建设兵团

分院全部完成与最高人民法院大数据管理和服务平台的电子卷宗汇聚接口对接。

六月

6月7日　第二届中国—东盟大法官论坛在广西南宁开幕。中国、东盟以及特别邀请的部分南亚国家最高法院院长和大法官出席论坛。中华人民共和国首席大法官、最高人民法院院长周强出席开幕式并致辞。会议期间成功举办智慧法院专栏成果展示，赢得国内外嘉宾一致好评。

6月28日　全国法院案件繁简分流机制改革推进会在浙江杭州召开。最高人民法院党组书记、院长周强在书面讲话中强调，要积极主动应用现代科技，推进司法审判和现代科技深度融合，以大数据支撑案件繁简甄别和程序分流，以人工智能促进提升审判质效。

6月28日　智慧海事法院（上海）实践基地挂牌成立。

七月

7月8日　国务院发布《新一代人工智能发展规划》，明确指出建设集审判、人员、数据应用、司法公开和动态监控于一体的智慧法庭数据平台，促进人工智能在证据收集、案例分析、法律文件阅读与分析中的应用，实现法院审判体系和审判能力智能化。

7 月 11 日　全国高级法院院长座谈会在贵州贵阳召开。最高人民法院党组书记、院长周强出席会议并讲话。会议强调，要聚焦司法体制改革、信息化建设和基层基础建设三项重点任务，紧紧抓住新一轮科技革命的历史性机遇，加快建设智慧法院，构建人力与科技深度融合的司法运行新模式。

八月

8 月 18 日　杭州互联网法院正式挂牌成立。最高人民法院党组书记、院长周强在挂牌仪式上强调，要积极探索互联网司法新模式、新经验，为全球互联网治理作出积极贡献。

九月

9 月 11 日　最高人民法院召开党组会议暨信息化建设工作领导小组 2017 年第二次全体会议。最高人民法院党组书记、院长周强主持会议并讲话。会议强调，要全面加强智慧法院建设，推进人民法院信息化建设再上新台阶。会议审议并原则通过《最高人民法院关于贯彻〈关于实施网络内容建设工程的意见〉的落实方案》《智慧法院建设评价指标体系（2017 年版）》《人民法院信息化标准制定工作管理办法》等。

9 月 26 日　最高人民法院在甘肃敦煌举办丝绸之路（敦煌）司法合作

国际论坛。中华人民共和国首席大法官、最高人民法院院长周强出席论坛并致辞。论坛上，“法信国际版”平台正式上线，为海内外用户提供中英双语法律信息服务，是传播中华法律文化、促进中外法治文化交流的重要窗口。

十月

10 月 8 日　浙江宁波余姚市人民法院尝试依托拥有海量用户的微信平台探索移动电子诉讼新模式，率先开展“移动微法院”试点。

十一月

11 月 1 日　全国破产重整案件信息平台完善升级服务并正式上线，平台基本覆盖全部破产案件，实现破产案件上诉、清算、审判监督和执转破业务流程管理，进一步提升了破产案件的办案效率。

11 月 8 日　最高人民法院和国家税务总局签署《关于网络执行查控及信息共享合作备忘录》。

11 月 23 日　全国减刑假释信息化办案平台正式开通，检察院、法院、监狱办理减刑假释案件将全部在这一平台进行，实现信息共享和全面公开。

11 月 28 日　最高人民法院联合公安部、司法部、保监会，召开全国部分地区道路交通事故损害赔偿纠纷“网上数据一体化处理”试点工作视频会暨新闻发布会，依托道交纠纷“网上数据一体化”平台，部署建立道路交通事故纠纷处理一网通办工作机制。

11 月 30 日　中国司法大数据服务网上线运行。网站提供专题深度研究、司法知识服务、涉诉信息服务、类案智能推送、智能诉讼评估、司法数据分析等六类服务。

十二月

12 月 12 日　第六届中韩司法研讨会在杭州互联网法院召开，最高人民法院、浙江省高级人民法院、安徽省高级人民法院、杭州市中级人民法院、杭州互联网法院等中方代表与来自韩国大法院的司法信息技术代表，聚焦“第四次工业革命与司法信息技术的未来”，进行了深入交流和探讨。

12 月 31 日　中国庭审公开网实现全国各级人民法院全接入、全覆盖的目标，实现了庭审信息的全面覆盖、实时互联和深度公开，推动庭审公开工作迈上新的台阶。

2018 年

一月

1 月 5 日　人民法院“智慧法院导航系统”和“类案智能推送系统”正式上线，最高人民法院党组书记、院长周强出席上线活动并讲话。周强强调，要加强司法大数据和人工智能在审判执行工作中的应用，深入推进新时代智慧法院建设，积极探索具有中国特色、适应时代要求的审判运行新模式，为深化依法治国实践、加快建设社会主义法治国家作出新的更大贡献。“智慧法院导航系统”实现了导航信息的精确定位和诉讼服务的精准投放，“类案智能推送系统”实现了类案快速查询和智能推送。

1 月 16 日　最高人民法院印发《关于进一步加快推进电子卷宗随案同步生成和深度应用工作的通知》，明确诉讼材料电子化要求，从建设应用和组织实施的角度，对全国各级人民法院电子卷宗随案同步生成和深度应用工作进行指导和规范。

1 月 25 日　最高人民法院召开全国法院电子卷宗随案同步生成和深度应用工作视频会议。会议要求，各高级人民法院要在电子卷宗生成基础上，开展辖区法院“三点一线工作模式”电子卷宗应用试点，以线带面快速形成辖区法院可复制可推广的工作模式。

二月

2 月 2 日　浙江省高级人民法院召开新闻发布会，“微法院”集群平台上线运行。当事人可利用微信小程序，点击“浙江微法院”直接进行浙江全省三级法院的民事、行政案件立案、开庭、调解和执行立案等。

2 月 5 日　第二十一次全国法院工作会议在北京召开。最高人民法院党组书记、院长周强出席会议并讲话。会议强调，要坚定不移深化司法改革，大力加强信息化建设。要主动拥抱新一轮科技革命，把握信息化三大规律，加快推进智慧法院建设，推动现代科技与法院工作深度融合，强化拓展司法大数据功能，促进审判体系和审判能力现代化。

2 月 7 日　中国社会科学院法学研究所、社会科学文献出版社联合主办的法治蓝皮书《中国法院信息化发展报告 No.2（2018）》发布暨 2018 年中国法院信息化研讨会在北京举行。

2 月 28 日　人民法院调解平台正式上线。

三月

3 月 4 日　最高人民法院发布《最高人民法院关于人民法院通过互联网公开审判流程信息的规定》。

3 月 9 日　第十三届全国人民代表大会第一次会议在北京人民大会堂举行第二次全体会议，最高人民法院院长周强作最高人民法院工作报告。报告指出，以网络化、阳光化、智能化为特征的智慧法院初步形成，实现全业务网上办理、全流程依法公开和智能化服务。

3 月 13 日　最高人民法院工作报告系列解读之三“加快建设智慧法院”全媒体直播访谈活动举行，指出当前人民法院信息化 3.0 版的主体框架已经确立，智慧法院的全业务网上办理基本格局已经形成，全流程依法公开基本实现。

3 月 22 日　《司法大数据专题报告之离婚纠纷》发布。报告显示，全国 73.4% 的离婚纠纷案件由女性提出，婚后 3 年为婚姻破裂的高发期，为研判时代变迁下的婚姻家庭变化提供重要参考。

3 月 29 日　全国法院决胜“用两到三年时间基本解决执行难”动员部署会召开。最高人民法院党组书记、院长周强出席会议并讲话。会议强调，要进一步提高执行信息化水平，继续拓展完善网络执行查控系统，加强与监管部门和金融机构的合作，扎紧“制度铁笼”和“数据铁笼”，不断提高查人找物能力，继续推广应用网络司法拍卖系统，切实推进执行指挥中心实体化运行。

四月

4月3日　最高人民法院网络安全和信息化领导小组召开2018年第一次全体会议，最高人民法院党组书记、院长、网络安全和信息化领导小组组长周强主持会议并讲话。会议强调，要努力攻克以智慧法院人工智能技术为标志的一批关键技术，推动全国法院全面实现电子卷宗随案同步生成和深度应用，建成覆盖全国各级法院的执行指挥平台，推动电子诉讼和移动电子诉讼的部署应用，要加大人才和资金保障力度，推进智慧法院建设不断取得新的成效。

4月13日　全国法院决胜“基本解决执行难”信息网正式上线运行。最高人民法院党组书记、院长周强强调，要切实加强网站建设和应用，充分发挥网站平台阵地作用，为全国法院决战决胜“基本解决执行难”营造良好氛围、提供有力支持。

4月21日至25日　数字中国建设成果展览会在福建福州举办。其中，“智慧法院建设成就展”集中展现了近年来法院系统在信息化建设方面取得的成就。“人民法院大数据管理和服务平台”及“杭州互联网法院探索互联网司法新模式”入选首届数字中国建设年度最佳实践成果。

4 月 23 日　首届数字中国建设峰会电子政务分论坛在福建福州召开。最高人民法院审判委员会专职委员刘贵祥在论坛作主旨发言。

4 月 26 日至 27 日　全国法院第五次网络安全和信息化工作会议在河北石家庄召开。最高人民法院党组书记、院长周强出席会议并讲话。会议强调，要深入学习贯彻习近平网络强国战略思想，认真贯彻落实全国网络安全和信息化工作会议精神，深入推进智慧法院建设，促进审判体系和审判能力现代化，为国家网络安全和信息化工作提供更加有力的司法服务和保障，推动人民法院网络安全和信息化工作实现新发展。

六月

6 月 7 日　中国执行信息公开网全面升级。

6 月 28 日　杭州互联网法院上线电子证据平台，并同期发布《杭州互联网法院电子证据平台规范》《杭州互联网法院民事诉讼电子证据司法审查细则》。

七月

7 月 7 日　国际商事法庭中英文网站正式上线运行。网站设置工作动态、专家委员会、“一站式”平台、法律资源、域外法律查明平台、法庭辅助服务、裁判文书等栏目，增强国际商事法庭的透明度，方便域内外当事人处理纠纷，建立共商共建共享的国际商事纠纷解决机制。

八月

8 月 26 日　最高人民法院国际商事专家委员会正式成立并召开首届研讨会。中华人民共和国首席大法官、最高人民法院院长周强出席会议，为专家委员颁发聘书并致辞。会议强调，中国法院深入推进司法体制改革，加强智慧法院建设，司法更加公开透明，司法权运行更加规范顺畅，多元化纠纷解决机制建设取得显著成效，下一步要不断提升涉外审判信息化水平，尽快建立“一带一路”建设参与国法律数据库，为法官和专家委员提供智能化服务。

九月

9 月 1 日　中国审判流程信息公开网改版升级上线。

9 月 6 日　最高人民法院印发《关于互联网法院审理案件若干问题的规定》，确定互联网法院案件管辖范围和上诉机制，首次确立互联网法院的诉讼程序“一般应当在线上完成”的基本原则，有力推动电子诉讼制度机制发展完善。

9月9日　北京互联网法院揭牌成立。

9月10日　移动微法院4.0版在浙江上线使用，当事人和律师打开手机微信小程序，进入“浙江移动微法院”，可以进行网上立案、查询案件、在线送达、在线调解、在线庭审、申请执行、网上缴费，实现从立案到执行全流程在线流转，实现诉讼服务事项跨区域远程办理、跨层级联动办理、跨部门协同办理，切实解决问累、诉累、跑累的问题。

9月12日　最高人民法院网络安全和信息化领导小组召开2018年第二次全体会议，最高人民法院党组书记、院长、网络安全和信息化领导小组组长周强主持会议并讲话。会议强调，完善人民法院信息化3.0版、全面建设智慧法院，要处理好中央机关与地方、基础与应用、内需与外需、安全与开放、重点与一般、预算与执行、开发与运用、管理与服务等八个方面关系。

9月14日　最高人民法院在天津召开司法大数据专题协作研究研讨会，从司法大数据研究现状、成果成效、重点问题及薄弱环节等方面进行交流和探讨。

9月18日至19日　中国法院代表团对越南进行友好访问，最高人民法院院长周强应邀就“中国法院司法体制改革与智慧法院建设”为越南法官学院和越南773家法院作视频讲座。

9 月 19 日　最高人民法院、公安部、司法部、中国银行保险监督管理委员会联合召开道路交通事故损害赔偿纠纷“网上数据一体化处理”改革试点工作推进会。会议强调，要切实增强道路交通事故损害赔偿纠纷一体化处理改革的能动性，健全完善切实有效的工作格局，完善平台功能、提高使用效率，用好用足道路交通事故损害赔偿纠纷一体化处理机制，确保改革取得实效。

9 月 28 日　广州互联网法院正式挂牌成立。

十月

10 月 9 日　最高人民法院印发《最高人民法院智慧法院重点实验室管理办法》《最高人民法院智慧法院技术创新中心暂行管理办法》，规范和加强智慧法院重点实验室和智慧法院技术创新中心建设。

10 月 10 日　全国法院审判执行工作会议暨全国法院审判管理工作座谈会召开。最高人民法院党组书记、院长周强出席会议并讲话。会议强调，要聚焦服务审判执行和促进管理优化，全面建设智慧法院。要始终把服务审判执行作为信息化建设的出发点、立足点，积极回应法官办案信息化需求，加强中国审判流程信息公开网建设，提高审判效率，方便群众诉讼。

10月26日　第十三届全国人民代表大会常务委员会第六次会议通过了《人民法院组织法（修订草案）》。其中增加第五十八条：人民法院应当加强信息化建设，运用现代信息技术，促进司法公开，提高工作效率。

十一月

11月13日　中国裁判文书网访问总量突破200亿次，文书总量突破5500万份。

11月27日　中国庭审公开网累计直播案件庭审超过200万场，网站总访问量超过130亿次。

11月29日　最高人民法院召开全国法院“基本解决执行难”视频会议，最高人民法院党组书记、院长周强出席会议并讲话。会议强调，要加快升级应用现代信息技术，加强办案系统和指挥系统的规范应用，完善网络执行查控系统，进一步推广网络司法拍卖，实现执行办案模式和执行管理模式的现代化变革。

十二月

12月10日　中国社会科学院法学研究所在北京召开发布会，发布《全国法院司法公开第三方评估报告》。报告指出，最高人民法院开通中国审判流程信息公开网，作为全国统一的公开平台，有助于实现法院审判流程信息公开的集约化和标准化。

12 月 12 日　“法信智答版”上线。

12 月 20 日　为贯彻落实《最高人民法院关于人民法院确定财产处置参考价若干问题的规定》，最高人民法院进一步升级完善网络司法拍卖管理平台，支持当事人议价、定向询价、网络询价和评估委托等多种方式，提升确定财产参考价的规范化、科学化水平，提高财产处置效率，减轻当事人负担。

2019 年

一月

1 月 15 日　中央政法工作会议在北京召开，中共中央总书记、国家主席、中央军委主席习近平出席会议并发表重要讲话。习近平指出，政法系统要深化诉讼制度改革，推进案件繁简分流、轻重分离、快慢分道，推动大数据、人工智能等科技创新成果同司法工作深度融合。要持续开展“减证便民”行动，加快推进跨域立案诉讼服务改革，推动诉讼事项跨区域远程办理、跨层级联动办理，解决好异地诉讼难等问题。

1 月 17 日　最高人民法院召开全国高级法院院长会议，最高人民法院党组书记、院长周强出席会议并讲话。会议强调，各级人民法院要积极推进大数据、人工智能、区块链等科技创新成果同审判执行工作深度融合，努力攻克以智慧法院人工智能技术为标志的一批关键技术，大力推动“智审、智执、智服、智管”建设，扎实推进电子卷宗随案同步生成及深度运用，以电子卷宗为基础全面推进智能化辅助办案工作，推动智慧法院建设向更高层次发展。

1月22日　最高人民法院举办的世界执行大会在上海召开。中华人民共和国首席大法官、最高人民法院院长周强出席会议并致辞。来自世界29个国家和2个国际组织的代表参加会议，与会代表围绕“强制执行的现代化发展”主题，展开信息化与强制执行的新发展等内容交流。

1月29日　最高人民法院司法改革领导小组2019年第一次会议召开。最高人民法院党组书记、院长、司法改革领导小组组长周强主持会议并讲话。会议强调，要大力完善多元化纠纷解决机制，坚持把非诉讼纠纷解决机制挺在前面，实现矛盾纠纷及时、高效、源头化解。要全面推进诉讼服务中心现代化建设，加快推进跨域立案诉讼服务改革，推进案件繁简分流、轻重分离、快慢分道，优化网上诉讼服务功能，让人民群众有更多获得感。

二月

2月27日　最高人民法院印发《最高人民法院关于深化人民法院司法体制综合配套改革的意见——人民法院第五个五年改革纲要（2019—2023）》。纲要指出要坚持强化科技驱动，贯彻实施网络强国战略，全面建设智慧法院。要牢牢把握新一轮科技革命历史机遇，充分运用大数据、云计算、人工智能等现代科技手段破解改革难题、提升司法效能，推动人民法院司法改革与智能化、信息化建设两翼发力，为促进审判体系和审判能力现代化提供有力科技支撑。

三月

3月1日　法治蓝皮书《中国法院信息化发展报告 No.3（2019）》发布暨2019年中国法院信息化研讨会在北京举行。蓝皮书指出，人民法院信息化3.0版的主体框架已经确立，智慧法院实现全业务网上办理，全流程依法公开，全方位智能服务，有力促进了审判体系和审判能力现代化。

3月22日　最高人民法院在浙江宁波举行移动微法院试点推进会和移动微法院全国总入口启动仪式。会议发布试点工作方案和技术规范，研究部署进一步扩大移动微法院的试点工作，明确从4月1日起，“移动微法院”试点将扩大至北京、上海等12个省（区、市）辖区内法院。

3月29日　最高人民法院网络安全和信息化领导小组召开2019年第一次全体会议，最高人民法院党组书记、院长、网络安全和信息化领导小组组长周强主持会议并讲话。会议强调，要以电子卷宗应用为主线大力推进“智审”建设，以执行信息管理为主线大力推进“智执”建设，以电子诉讼为主线大力推进“智服”建设，以全流程办公自动化和大数据辅助决策为主线大力推进“智管”建设。

四月

4月3日　中国司法大数据研究院发布《金融诈骗司法大数据专题报告》。报告显示，近三年金融诈骗发案量同比持续下降，平均降幅超20%，集资诈骗罪连续两年逆势上升，集资诈骗风险防控压力加大。

4月10日　最高人民法院司法改革领导小组2019年第二次会议召开。最高人民法院党组书记、院长、司法改革领导小组组长周强主持会议并讲话。会议强调，要以加强诉讼服务中心建设为重点，推进在线立案、跨域立案，将非诉讼纠纷解决机制挺在前面，健全完善多元化纠纷解决机制，把诉讼服务中心打造成一站式纠纷解决服务平台，让人民群众解决矛盾纠纷更方便、更快捷。

五月

5月5日至9日　第二届数字中国建设成果展览会在福建福州举办，其中“智慧法院建设成果展”集中展示了近年来法院系统在信息化建设方面取得的成就。主题馆分别展示了顶层设计、智慧服务、智慧审判、智慧执行、智慧管理、互联网法院板块，地方法院馆分别展示了北京、江西、云南、南通、深圳、厦门、浙江玉环、山东兰山等八地的智慧法院特色成果。

5月6日至8日 第二届数字中国建设峰会在福建福州举行，最高人民法院在“坚持以人民为中心，探索司法公开和诉讼服务信息化新模式”主题发言中指出，人民法院将继续大力推进司法信息化和智慧法院建设，围绕“智慧审判、智慧执行、智慧服务、智慧管理”，把智慧法院推向全面发展的新格局，实现诉讼制度体系在信息时代的跨越发展。

5月22日至24日 最高人民法院党组书记、院长周强在北京专题调研人民法庭参与基层治理、服务乡村振兴等工作时指出，要适应新时代发展要求，优化人民法庭布局，完善人民法庭功能，在人才、装备、信息化建设等方面向基层倾斜，不断提升人民法庭的司法能力和水平。

六月

6月3日 最高人民法院发布《最高人民法院关于深化执行改革健全解决执行难长效机制的意见——人民法院执行工作纲要（2019—2023）》。《纲要》强调要深化以现代信息技术为支撑的执行模式变革，加强执行信息化建设，以信息化实现执行模式的现代化。

6月12日至13日 全国高级法院院长座谈会在江西南昌召开。最高人民法院党组书记、院长周强出席会议并讲话。会议强调，要全面建设集约高效、多元解纷、便民利民、智慧精准、开放互动、交融共享的现代化诉讼服务体系，切实提升人民法院解决纠纷和诉讼服务能力水平，促进审判体系和审判能力现代化。

七月

7月3日　全国法院民商事审判工作会议在黑龙江哈尔滨召开。最高人民法院党组书记、院长周强出席会议并讲话。会议强调，要进一步健全审判工作机制，大力推进多元化纠纷解决机制和现代化诉讼服务体系建设，加快实现人工智能、5G、区块链技术等现代科技与民商事审判深度融合。

7月4日　最高人民法院知识产权法庭在一起案件中首次在庭审中采用远程示证方式勘验证据实物。知识产权法庭探索的远程示证、虚拟现实、现实增强等信息化手段，能够智能高效、准确便利地化解实物证据“质证难”等问题，有效满足了审理全国范围内技术类知识产权上诉案件的需求。

7月20日　全国法院贯彻落实政法领域全面深化改革推进会精神专题会议在四川成都召开，最高人民法院党组书记、院长周强出席会议并讲话。会议指出，目前全国55%以上的法院实现网上直接立案，47%以上的法院实现网上预约立案，51%以上的法院实现电子送达，全面推进智慧法院建设成效显著。

7 月 31 日　最高人民法院发布《最高人民法院关于建设一站式多元解纷机制一站式诉讼服务中心的意见》，提出要打造通办诉讼全程业务的“智慧诉讼服务”新模式，扩展网上服务功能，全面应用中国移动微法院，打通当事人身份认证通道，提供网上引导、立案、交退费、查询、咨询、阅卷、保全、庭审、申诉等一站式服务。

八月

8 月 2 日　京津冀法院跨域立案全覆盖启动仪式在河北省高级人民法院举行。京津冀三地法院均在诉讼服务中心设立了跨域立案服务窗口，采用中国移动微法院手机微信小程序、外网电脑 + 扫描仪、跨域立案一体机等多种模式，方便当事人实现跨域立案。

8 月 13 日　全国首例海事诉讼跨域立案在天津海事法院和上海海事法院之间完成。这是自 2019 年 6 月最高人民法院提出“加快推进跨域立案诉讼服务改革”以来，全国首例跨域立案的海事案件。

8 月 28 日　最高人民法院建成中国海事审判工作平台并召开视频培训会。该平台是全国海事审判系统围绕“一带一路”、海洋强国建设等党和国家工作大局，不断提高海事审判信息化水平取得的又一新成果。功能包括海事审判多维度统计分析、船舶动态查询、查扣、海事审判资料库等，最大效用系利用大数据汇聚分析功能，全面提高海事审判质效。

8 月 30 日　全国海事法院全面实现跨域立案，全国海事法院及其上诉审高级人民法院全部成功对接中国移动微法院跨域立案平台，并在全国 10 家海事法院之中的 8 家海事法院之间完成 8 件案件的跨域立案，海事审判跨域立案工作初显成效。

九月

9 月 6 日　最高人民法院召开第二届网络安全和信息化专家咨询委员会成立大会暨智慧法院建设座谈会。最高人民法院党组书记、院长周强出席会议并讲话。会议强调，要认真总结智慧法院建设取得的阶段性成果和经验，坚持问题和需求导向，不断提升智慧法院建设水平。

9 月 10 日　全国法院第六次网络安全和信息化工作会议在广州召开，最高人民法院党组书记、院长周强发表书面讲话。会议强调，要坚持以习近平新时代中国特色社会主义思想为指导，认真学习贯彻习近平总书记关于网络强国的重要思想，加快推进“智审、智执、智服、智管”建设，不断提高全面深化智慧法院建设水平，促进审判体系和审判能力现代化，努力让人民群众在每一个司法案件中感受到公平正义。

9 月 10 日　最高人民法院智慧法院（广东）实验室正式启用。智慧法院（广东）实验室集“研发、测试、展示、培训”四大功能为一体，分为诉讼服务、办公办案、线上庭审、智慧执行、区块链研发、大数据管理等六大实验功能区，为诉讼服务、审判执行、司法管理提供综合试验场所。

十月

10月14日　由最高人民法院牵头建设的国家司法审判信息系统工程（“天平工程”）通过初步验收。项目总体目标为通过建设覆盖全国各级法院的司法审判系统、信息资源系统、业务应用系统和庭审支撑系统，编制相关标准规范，建设完善机房配套设施，保障安全和配备设施基本到位，实现案件审判工作及其他各项工作管理全过程的科学化、规范化、现代化和协同化。

10月15日　全国法院审判执行工作推进会召开。最高人民法院党组书记、院长周强出席会议并讲话。会议要求，要加快推进网上立案、跨域立案，不断增强化解纠纷和诉讼服务能力。要加强裁判文书大数据应用，不断拓展司法公开的广度和深度，以公开促公正提公信。要建好用好管用实用的信息化智能化项目，完善信息化办案平台建设，推进电子诉讼和移动电子诉讼发展，加强大数据、人工智能等新技术实践运用，不断提升智慧法院建设应用水平，向科技创新要战斗力。

10月17日　《人民日报》发表时评《推动智慧法院建设转型升级》，指出近年来全国法院深入推进智慧法院建设，不断完善智慧服务、智慧审判、智慧执行、智慧管理，推动诉讼服务和审判辅助智能化，为司法为民、公正司法提供了有力的科技支撑。随着智慧法院建设全面提速，现代科技与法院工作愈发深度融合，信息时代审判运行新模式正在逐步形成。

十一月

11 月 6 日　中国政法实务大讲堂走进清华大学。最高人民法院党组书记、院长周强围绕“新时代中国法院司法体制改革和智慧法院建设”作专题讲座。周强重点从智慧审判、智慧执行、智慧服务、智慧管理四个方面介绍了智慧法院建设成果。

11 月 8 日　最高人民法院网络安全和信息化领导小组召开 2019 年第二次全体会议，最高人民法院党组书记、院长、网络安全和信息化领导小组组长周强主持会议并讲话。会议强调，要加强区块链、人工智能在司法领域应用，突出工作重点，狠抓任务落实，全面提升智慧法院建设水平，促进审判体系和审判能力现代化。

11 月 8 日　“人民法庭工作平台”和“人民法庭信息平台”正式上线运行。人民法庭工作平台通过信息化手段，将基层法院、人民法庭的基本情况、人员情况、案件质效等信息深度整合，实现对基层法院、人民法庭“人、案、事”的实时、动态、智能管理。人民法庭信息平台全面展示人民法庭新闻动态、工作成效、为民举措等，鲜活展现人民法庭工作全貌，使社会公众能够更好地了解基层法庭工作。两平台的上线将提高人民法庭信息化工作水平，促进基层、乡村、社区治理，是提高社会治理法治化智能化水平的重要举措。

11 月 19 日　最高人民法院召开新闻发布会，发布《网络犯罪司法大数据专题报告》及十起电信网络诈骗犯罪典型案例。司法大数据专题报告数据主要来源于人民法院大数据管理和服务平台，数据显示 2016 年至 2018 年，网络犯罪案件大部分分布于东南沿海地区，网络犯罪案件中 30% 以上涉及诈骗罪，占比最高。

11 月 22 日　最高人民法院党组理论学习中心组集中学习，最高人民法院党组书记、院长周强主持会议并讲话。会议强调，要不断推进审判体系和审判能力现代化，始终坚持以全面建设智慧法院为依托，发挥司法大数据在社会治理中的重要价值，提高数据汇聚、管理、分析和服务能力。

11 月 29 日　最高人民法院域外法查明平台在国际商事法庭网站上线启动，标志着全国法院域外法查明统一平台的正式建立。

十二月

12 月 4 日　最高人民法院在浙江乌镇发布《中国法院的互联网司法》白皮书。这是中国法院发布的首部互联网司法白皮书。白皮书为中英文双语版，由前言、正文、结语、附录四部分组成，图文并茂地反映中国法院互联网司法发展的基本路径、价值取向、主要举措和重要成果，具体包括机构职能创新、司法裁判树规则、诉讼规则作探索、技术应用重实效、司法便民有突破等五个方面。

12 月 5 日　由最高人民法院举办的世界互联网法治论坛在浙江乌镇开幕。论坛主题为“以法治方式推动建立网络空间命运共同体”。中华人民共和国首席大法官、最高人民法院院长周强出席开幕式并致辞。周强表示，各国应加强司法交流合作，共同提升互联网法治建设水平，促进网络空间法治，为完善全球互联网治理体系，推动构建网络空间命运共同体作出积极贡献。论坛通过《乌镇宣言》，为与会各国互利共赢合作增添了新的内容，注入了新的活力。

12 月 17 日　天平阳光一体化移动平台举行上线发布会。平台由人民法院新闻传媒总社建设，是系统集成法治资讯、智慧服务、社交互动等多种功能的一体化移动平台。最高人民法院党组书记、院长周强出席并讲话。周强强调，要加快推进人民法院媒体融合发展，并进一步壮大司法宣传在移动互联网上的主阵地，助力现代化诉讼服务体系和智慧法院建设。

12 月 22 日　中国电子学会组织 11 位专家考察智慧法院建设成果，并作出全国智慧法院关键技术及重大应用“项目技术复杂、难度很大、创新性强，总体达到了国际领先水平”的鉴定结论。

12 月 25 日　最高人民法院召开人民法院跨域立案服务新闻发布会。发布会宣布全国中基层人民法院已全面实现跨域立案服务。

12 月 27 日　“最高人民法院云课堂”正式开通上线。云课堂是面向最高人民法院全体干警培训与研修的自主学习平台，该平台的建成标志着国家法官学院线上线下融合互补办学模式的形成。

12 月 31 日　最高人民法院智慧法院实验室建成启用，标志着智慧法院信息系统综合集成迈上新台阶。实验室聚焦人民法院信息化建设总体规划设计、关键技术攻关、综合集成试验等问题，集展示交流、互动体验、科研试验于一体，为探索信息技术与审判执行工作深度融合提供重要平台，为汇聚社会各界力量参与人民法院信息化建设提供互动场所，为推进全面建设智慧法院提供研发环境。

2020 年

一月

1 月 17 日　最高人民法院召开全国高级法院院长会议。最高人民法院党组书记、院长周强出席会议并讲话。会议强调，要探索移动互联时代诉讼新模式，深化应用各类在线纠纷解决平台，整合优化线上、线下纠纷解决资源，全面提升诉讼服务信息化、智能化水平。要积极推进大数据、人工智能、区块链等科技创新成果同审判执行工作深度融合，努力攻克以智慧法院人工智能技术为标志的一批关键技术，大力推动“智审、智执、智服、智管”建设，扎实推进电子卷宗随案同步生成及深度运用，以电子卷宗为基础全面推进智能化辅助办案工作，推动智慧法院建设向更高层次发展。

1 月 28 日　最高人民法院党组召开专题会议暨应对新型冠状病毒感染肺炎疫情工作领导小组会议。最高人民法院党组书记、院长周强出席会议并讲话。会议指出，要充分运用智慧法院建设成果，依托中国移动微法院等平台，引导当事人通过网上立案、诉讼、调解、信访，就近跨域立案，跨区域远程办理诉讼事项，最大限度方便当事人和律师参与诉讼。

二月

2月14日　最高人民法院印发《关于新冠肺炎疫情防控期间加强和规范在线诉讼工作的通知》。《通知》要求，要积极依托中国移动微法院、诉讼服务网、12368诉讼服务热线等在线诉讼平台，全面开展网上立案、调解、证据交换、庭审、宣判、送达等在线诉讼活动，有效满足疫情防控期间人民群众司法需求，确保人民法院审判工作平稳有序运行。

三月

3月13日　最高人民法院与中国证券监督管理委员会按照《关于全面推进证券期货纠纷多元化解机制建设的意见》精神，推动人民法院调解平台与中国投资者网证券期货纠纷在线解决平台实现数据交换、互联互通，实现线上接收法院委派或委托调解、接收投资者调解申请、调解员选择、组织调解、调解协议线上申请司法确认等功能，建立协调联动、高效便民的证券期货纠纷在线诉调对接机制。

四月

4月2日　最高人民法院网络安全和信息化领导小组召开2020年第一次全体会议，最高人民法院党组书记、院长、网络安全和信息化领导小组组长周强主持会议并讲话。会议强调，要深入学习贯彻习近平总书记关于网络强国的重要思想，进一步做好顶层设计，抢抓机遇，狠抓落实，加快推进“智审、智执、智服、智管”建设，全面提升智慧法院建设水平，加快审判体系和审判能力现代化。要更好运用大数据、云计算、区块链、人工智能、5G等前沿技术加强审判执行工作，不断提高人民法院化解矛盾纠纷和诉讼服务能力水平。

4月15日　最高人民法院印发《关于全面加强知识产权司法保护的意见》。《意见》要求，加强知识产权审判信息化建设。加强知识产权司法装备现代化、智能化建设，积极推进跨区域的知识产权远程诉讼平台建设。大力推进网上立案、网上证据交换、电子送达、在线开庭、智能语音识别、电子归档、移动微法院等信息化技术的普及应用，支持全流程审判业务网上办理。加强对电子卷宗、裁判文书、审判信息等的深度应用，充分利用司法大数据提供智能服务和精准决策。

五月

5月6日　最高人民法院、公安部、司法部、中国银行保险监督管理委员会下发《关于在全国推广道路交通事故损害赔偿纠纷“网上数据一体化处理”改革工作的通知》。通知要求，按照共建共治共享原则，进一步打通道交领域各部门数据孤岛，开放道交纠纷一体化平台数据接口，实现各部门数据共享。做好道交纠纷一体化平台与人民法院调解平台、公共法律服务平台的对接工作，实现相关平台互联互通、数据共享。

5 月 13 日　最高人民法院印发《最高人民法院关于依法妥善办理涉新冠肺炎疫情执行案件若干问题的指导意见》。《意见》指出，要充分利用信息化手段推动执行工作。充分利用智慧法院建设成果，特别是以现代信息技术为支撑的执行信息化系统。依法优先采取网络查控、网络询价、网络司法拍卖、网络收发案款等在线执行措施，积极通过线上方式开展立案、询问谈话、执行和解、申诉信访、执行辅助等工作，充分满足人民群众的司法需求，确保疫情期间人民法院执行工作平稳有序运行。

六月

6 月 2 日　全国法院学习贯彻 2020 年全国两会精神视频会议召开。最高人民法院党组书记、院长周强出席会议并讲话。会议强调，要全面深化智慧法院建设，巩固拓展新冠肺炎疫情期间智慧法院建设应用成果，推动 5G、人工智能等现代科技在司法领域深度应用，深化中国移动微法院建设和应用，建立健全具有中国特色的互联网司法新模式和规则体系。

6 月 3 日　中国社会科学院法学研究所、社会科学文献出版社联合主办的法治蓝皮书《中国法院信息化发展报告 No.4（2020）》

发布暨2020年中国法院信息化研讨会在北京举行。发展报告指出，中国法院信息化建设朝着标准化、系统化、精准化、智能化方向大踏步前进。中国法院信息化建设自始至终都高度重视建设的系统化推进。法院信息化和智慧法院建设通过运用信息化系统、大数据分析等，正在实现案件审判执行、法院内部管理的精准化。中国智慧法院建设已经跻身世界前列，中国法院围绕智慧审判、智慧执行、智慧服务、智慧管理的智慧法院体系基本建成，走出了一条法院信息化的中国道路。

6月29日　最高人民法院启动“人民法院大讲堂”，并举行国家法官学院2020年开学典礼暨最高人民法院机关学习贯彻党的十九届四中全会精神培训班开班动员活动，最高人民法院党组书记、院长周强作民法典首场宣讲辅导。周强强调，要加强智慧法院建设，加强数据中台建设，强化在线服务，深化人工智能应用，强化大数据驱动，为准确适用民法典提供强有力科技支撑。

七月

7月10日　最高人民法院与最高人民检察院联合出台《关于建立全国执行与法律监督工作平台进一步完善协作配合工作机制的意见》。《意见》要求，最高人民法院、最高人民检察院各自建立监督工作系统并进行对接，搭建全国执行与法律监督工作平台。

7 月 22 日　最高人民法院联合国家发展和改革委员会共同举行新闻发布会，发布《最高人民法院国家发展和改革委员会关于为新时代加快完善社会主义市场经济体制提供司法服务和保障的意见》。《意见》提出，全面推行网上立案、跨域立案、网上调解、网上开庭、网上申诉等诉讼服务。《意见》强调，充分发挥司法大数据作用，加强对深化市场化改革、扩大高水平开放中出现的问题研判，有效服务科学决策。

7 月 31 日　最高人民法院印发《关于深化司法责任制综合配套改革的实施意见》。“加强智慧数据中台建设”是 28 项措施之一。《意见》要求，各高级人民法院应当依托智慧法院建设，大力推进辖区法院区块链技术应用，积极探索智能合约深度应用，加强以司法大数据管理和服务平台为基础的智慧数据中台建设。各级人民法院应当进一步探索拓展人工智能、5G 等现代科技在审判工作中的应用形态，推进以电子卷宗自动编目、网上阅卷、法律文书辅助生成、电子档案自动生成为代表的深度应用，完善“电子档案为主，纸质档案为辅”的案件归档方式。

八月

8 月 6 日　最高人民法院发布《交通肇事罪特点和趋势》司法大数据专题报告。《报告》显示，交通肇事罪案件量在 2017 年呈小幅上升后，在 2018 年和 2019 年呈连续下降趋势，一年中秋冬季案件较多，一天中则以早 6 时及晚 18 时至 19 时为案发高峰期。《报告》还显示，近95%的交通肇事罪案件被告人为男性，男性驾驶人平均万人发案率是女性驾驶人的8.8倍。全国交通肇事罪案件中，超九成被告人被判处有期徒刑。

8月14日　最高人民法院发布《最高人民法院关于人民法院民事诉讼中委托鉴定审查工作若干问题的规定》。《规定》要求，各级人民法院应当充分利用信息化手段，将司法技术案件办理纳入审判、执行工作流程，加强对委托鉴定等司法技术工作的管理。最高人民法院专门建立人民法院委托鉴定平台，便于当事人、律师和社会公众对人民法院工作和鉴定活动的监督。

8月30日　中国裁判文书网文书总量突破1亿篇，访问总量近480亿次。

九月

9月1日至2日　全国高级法院院长座谈会以视频形式在北京召开。最高人民法院党组书记、院长周强出席会议并讲话。会议强调，要突出在线融合关键取向，推动在线解纷和智慧诉服实现现代化转型。要加快构建全流程一体化在线诉讼服务平台，将线下服务项目全部集成到线上，提高在线服务精准化水平。要加快推进审判辅助事务在线化集约化，全面提升审判辅助事务系统集约水平。要进一步解决群众异地诉讼不便问题，加快实现诉讼事项跨区域远程办理、跨层级联动办理。要全面提升一网统管诉讼服务运行的能力水平，实现决策科学化、解纷精准化、服务效能化。要坚持线上线下相结合，充分发扬新时代“马背法庭”“溜索法官”精神，利用巡回审判、在线诉讼多种方式，把司法服务送到群众身边。

9月2日　最高人民法院贯彻落实政法领域全面深化改革推进会精神专题视频会议召开。最高人民法院党组书记、院长周强出席会议并讲话。会议要求，要提升智能化监督管理水平，加强以司法大数据管理和服务平台为基础的智慧数据中台建设，拓展人工智能、5G、区块链等科技应用形态，健全适应互联网司法特点的审判监督管理机制，增强审判权力制约监督效能。要深化司法公开制度建设，优化、用好司法公开四大平台，主动接受监督，不断增强司法工作透明度。

9月14日　最高人民法院发布《关于完善统一法律适用标准工作机制的意见》，从完善规范依据、健全分歧解决机制，到指导审判组织，再到加强审判管理、审判监督，最后到类案检索、科技辅助、人才建设等方面进行了全面规定，系统明确人民法院统一法律适用标准的各项工作机制。《意见》强调，各级人民法院应当深化智慧法院建设，为统一法律适用标准提供信息化保障。

9月18日　最高人民法院召开“发挥执行职能、做好‘六稳’工作落实‘六保’任务”专项执行行动视频动员部署会。最高人民法院党组书记、院长周强出席会议并讲话。会议强调，要不断提升执行管理信息化、智能化水平，推动执行工作与现代技术深度融合，推进执行指挥中心实体化运行。

9 月 23 日　最高人民法院举办新闻发布会，发布《最高人民法院关于完善统一法律适用标准工作机制的意见》。《意见》强调，各级人民法院应当深化智慧法院建设，为统一法律适用标准提供信息化保障。最高人民法院加快建设智慧数据中台，完善类案智能化推送和审判支持系统，加强类案同判规则数据库和优秀案例分析数据库建设，为审判人员办案提供裁判规则和参考案例，为院庭长监督管理提供同类案件大数据报告，为审判委员会讨论决定案件提供决策参考。各级人民法院应当充分利用中国裁判文书网、“法信”、中国应用法学数字化服务系统等平台，提高法官熟练运用信息化手段开展类案检索和案例研究的能力。

十月

10 月 12 日　第三届数字中国建设峰会在福建福州举行。会议指出，最高人民法院深入贯彻网络强国战略，大力推进智慧法院建设。各级法院以智能化建设为依托，推进一站式多元解纷和诉讼服务体系建设，推进在线诉讼；推动人工智能等技术与司法规律深度融合，大幅提升审判执行工作质效，数字化正在对诉讼程序和诉讼模式进行重塑和改造；推进司法大数据研究，服务司法决策和社会治理取得显著成效。

10 月 20 日　最高人民法院召开智慧法院大脑建设专家座谈会。

十一月

11 月 13 日　最高人民法院网络安全和信息化领导小组召开 2020 年第二次全体会议，最高人民法院党组书记、院长、网络安全和信息化领导小组组长周强主持会议并讲话。会议指出，“十三五”期间人民法院信息化建设取得巨大成就，为人民司法事业发展提供了强有力科技支撑。尤其是今年新冠肺炎疫情发生以来，智慧法院大显身手，各级法院深化信息化建设和成果应用，规范有序开展在线诉讼活动，取得突出成效，为坚决打赢疫情防控阻击战提供了有力司法服务和保障。会议强调，要制定修改“十四五”期间人民法院信息化发展规划，要全面推广电子诉讼深入应用，全面推进一站式多元解纷和诉讼服务体系建设，要加强智能审判、智慧执行辅助研究及应用，要积极探索智慧法院大脑和司法数据中台建设，要加强关键信息基础设施、质效型运维管理和安全防御能力建设。

11 月 17 日　最高人民法院召开人民法院智慧警务建设成果汇报演示会，最高人民法院党组书记、院长周强出席并讲话。周强强调，要坚持顶层研发设计与地方自主创新有机结合，在警务安全、教育培训、装备管理等方面探索研发新的智能化成果。要大力推进司法警务大数据智能化建设，充分运用大数据思维采集基础信息，用数据说话、用数据管理、用数据创新，推进数据融合共享，助推警务流程再造。

11 月 18 日　第四次全国人民法庭工作会议在北京召开。最高人民法院党组书记、院长周强出席会议并讲话。会议要求，要牢牢把握立体化、集约化、信息化的一站式建设要求，巩固发展“群众说事、法官说法”等经验机制，将智慧诉讼服务成果广泛应用于人民法庭，为人民群众提供“一窗通办”的诉讼服务。要将人民法庭信息化纳入智慧法院建设总体规划统筹推进，提高人民法庭信息化建设水平。

11 月 26 日　推动长三角一体化发展司法工作座谈会在最高人民法院第三巡回法庭召开。最高人民法院党组书记、院长周强出席会议并讲话。会议要求，要坚持用改革思维和科技手段破解难题，大力深化司法体制改革和智慧法院建设，积极推进大数据、人工智能、区块链等科技创新成果同审判执行工作深度融合。要推动长三角一体化司法协作平台建设，探索建立集中送达等平台，实现司法服务信息和资源共享。

十二月

12 月 3 日　全国法院第七次网络安全和信息化工作视频会议召开。最高人民法院党组书记、院长周强出席会议并讲话。会议强调，要加快推进人民法院信息化 4.0 版建设，突出司法数据中台、智慧法院大脑的智慧引擎作用，全面推进一站式多元解纷和诉讼服务体系建设，加强电子卷宗深度应用，大力推动执行指挥中心实体化运行，全方位升级执行办案平台，系统整合各类应用，提升司法行政工作信息化水平，不断优化运维，加强系统迭代，加大关键信息基础设施安全保护力度。

12 月 4 日　中国庭审公开网庭审直播突破 1000 万场，南京环境资源法庭（2020）苏 01 民初 798 号案成为中国庭审公开网直播的第 1000 万场案件。

12 月 7 日　中共中央印发了《法治社会建设实施纲要（2020—2025 年）》，并发出通知，要求各地区各部门结合实际认真贯彻落实。纲要要求，要推动大数据、人工智能等科技创新成果同司法工作深度融合，完善“互联网 + 诉讼”模式，加强诉讼服务设施建设，全面建设集约高效、多元解纷、便民利民、智慧精准、开放互动、交融共享的现代化诉讼服务体系。要加强公共法律服务实体、热线、网络三大平台建设，推动公共法律服务与科技创新手段深度融合，尽快建成覆盖全业务、全时空的公共法律服务网络。

12 月 8 日　最高人民法院国际商事专家委员会第二届研讨会暨国际商事专家委员新聘活动在最高人民法院通过线上线下同时举行。中华人民共和国首席大法官、最高人民法院院长周强出席会议并讲话。会议指出，要广泛凝聚智慧，充分发挥专家委员优势，努力把国际商事专家委员会建设成国际一流法律智库。要加快建设“一站式”国际商事纠纷解决信息化平台，提升专家委员会运行智慧化水平，为专家委员实现在线调解、在线提交域外法查明意见提供便利途径。

12 月 10 日　全国法院智慧警务暨“六专四室”建设工作推进会在江苏南通召开。会议强调，要着眼智慧法院建设工作全局，积极谋划推进新时代人民法院智慧警务建设。要认真总结“六专四室”建设经验，全面提升司法警务工作物质保障水平。

12 月 22 日　最高人民法院深入学习贯彻党的十九届五中全会精神和习近平法治思想集中培训班举行开班动员会。最高人民法院党组书记、院长周强出席并作辅导讲座。会议强调，要加快推进智慧法院建设，推进现代科技与司法工作深度融合，在保障新业态新模式健康发展、推进网络空间治理法治化方面取得更大成效，着力构建中国特色、世界领先的互联网司法模式，创造更高水平的数字正义。

12 月 29 日　最高人民法院牵头建设的国家司法审判信息系统工程（“天平工程”）通过竣工验收。验收专家组认为，国家司法审判信息系统工程（“天平工程”）为全国各级法院公正司法和司法为民、促进审判体系和审判能力现代化发挥了突出作用。

12 月 31 日　海南自由贸易港知识产权法院正式办公，最高人民法院党组书记、院长周强出席调研座谈会并讲话。会议指出，要积极改革创新，探索知识产权司法保护新经验。要强化大数据、区块链、人工智能等现代科技运用，推动科技创新与审判工作深度融合。

2021 年

一月

1 月 14 日　《最高人民法院、司法部关于为律师提供一站式诉讼服务的意见》发布，要求人民法院依托律师服务平台、诉讼服务大厅、12368 诉讼服务热线等立体化渠道，为律师提供一站式诉讼服务，更加便利律师参与诉讼，维护当事人合法权益。人民法院律师服务平台同步上线，为律师提供集约高效、智慧便捷的一站式诉讼服务。

二月

2 月 1 日　最高人民法院联合人民网、中国法院网共同举办跨域立案服务全覆盖全媒体访谈。最高人民法院有关部门负责人介绍，跨域立案服务改革作为一项系统性、持久性的工程，自 2 月 1 日起在全国四级法院实现全覆盖，当事人可以就近选择一家中基层法院或者人民法庭，申请对四级法院管辖的案件提供跨域立案服务。

2 月 3 日　最高人民法院发布《关于为跨境诉讼当事人提供网上立案

服务的若干规定》，明确跨境诉讼服务内容、服务对象、服务载体、跨境当事人身份验证、委托代理视频见证、网上立案流程等，旨在为跨境诉讼当事人提供网上立案指引、查询、委托代理视频见证、第一审民商事登记立案服务。

2月20日　最高人民法院举行人民法院调解平台应用成效暨《中国法院的多元化纠纷解决机制改革报告（2015—2020）》新闻发布会。数据显示，人民法院调解平台上线三年，累计调解案件超过1360万件，平均调解时长23.33天，2020年调解成功率超过65%。

2月25日　最高人民法院司法改革领导小组2021年第一次会议召开。最高人民法院党组书记、院长、司法改革领导小组组长周强主持会议并讲话。会议要求，要聚焦基础性攻坚性改革，健全一站式多元解纷和诉讼服务体系，深入开展民事诉讼程序繁简分流改革试点工作，在更高起点上深化互联网司法建设，持续推出司法改革新亮点。

三月

3月4日　最高人民法院召开人民法院一站式多元解纷和诉讼服务体系基本建成新闻发布会，这标志着人民法院诉讼服务迈入现代化这一新的发展阶段。最高人民法院有关部门负责人表示，全国法院多元解纷区、在线调解室、自动繁简分流实现100%全覆盖。在全面实现网上立案的同时，人民法院还实现了跨域立案服务四级法院全覆盖，解决群众异地诉讼不便问题。线上线下相结合的中国特色一站式多元解纷格局基本形成。

3月11日　第十三届全国人民代表大会第四次会议通过《关于最高人民法院工作报告的决议》，要求“加快建设智慧法院”。

3月11日　第十三届全国人民代表大会第四次会议表决通过了《关于国民经济和社会发展第十四个五年规划和2035年远景目标纲要的决议》，并于次日全文发布《中华人民共和国国民经济和社会发展第十四个五年规划和2035年远景目标纲要》，要求加强智慧法院建设。

3月29日　《人民日报》刊发文章《推动深度融合助力智慧治理 让大数据更好为司法赋能》。文章指出，近年来，人民法院深入贯彻习近平法治思想，加快智慧法院建设，推动大数据管理与服务平台建设，构建中国特色互联网司法新模式，积极为全球互联网法治发展贡献中国智慧、中国方案。大数据已成为推动法院改革发展的重要力量，加快大数据同司法工作深度融合发展潜力巨大。

四月

4月14日　中国社会科学院法学研究所、社会科学文献出版社联合主办的法治蓝皮书《中国法院信息化发展报告No.5（2021）》

发布暨智慧法院建设研讨会在江苏南通举行。蓝皮书指出，2020 年人民法院信息化 3.0 版建成，智慧法院全面深化，中国法院信息化建设已然处于世界领先地位。中国法院信息化成效显著，智慧诉服成为人民法院诉讼服务的主要方式，移动微法院集成作用不断强化，实现立案服务“零距离”“不打烊”“指尖办”，应对疫情智慧法院“大显身手”。人民法院信息化建设围绕构建全业务网上办理，智慧庭审以及互联网审判新模式等进一步探索，取得了一系列新成果。司法大数据辅助法院审判执行方面效果显著，法院的工作模式不断改良优化。

五月

5 月 11 日　最高人民法院发布《人民法院信息化建设五年发展规划（2021—2025）》，明确在“十四五”期间，建设以知识为中心、智慧法院大脑为内核、司法数据中台为驱动的人民法院信息化 4.0 版，面向司法人员、诉讼参与人、社会公众和其他部门提供全新的智能化、一体化、协同化、泛在化和自主化服务。

5 月 13 日　最高人民法院网络安全和信息化领导小组召开 2021 年第一次全体会议，最高人民法院党组书记、院长、网络安全和信息化领导小组组长周强主持会议并讲话。会议强调，要全面深化智慧法院建设，以司法数据中台、智慧法院大脑、在线法院建设为牵引，推进人民法院信息化 4.0 版建设，促进审判体系和审判能力现代化，推动新时代人民法院工作高质量发展。

5 月 16 日　由最高人民法院、中国科学院联合主办的“信息技术与法治建设”科学与技术前沿论坛在最高人民法院举行。最高人民法院党组书记、院长周强出席论坛并致辞。论坛以信息技术助力法治建设为主题，邀请国内信息技术领域多位院士、专家以及法学研究和业界知名学者围绕信息科学技术促进依法治国理念在司法实践中的应用、国家法治建设对信息技术的具体需求以及法治建设如何更好促进大数据、人工智能、区块链等信息技术健康发展等议题，展开深入研讨交流，为推进法治建设和信息技术、数字经济发展建言献策。

5 月 31 日　最高人民法院完成“中国移动微法院标准版”建设，规范并统一移动微法院功能和业务流程，实现与法院专网端各业务系统对接接口信息技术规范标准统一，实现核心功能、业务流程、数据标准、技术状态在全国法院的统一，并对诉前调解、立案申请、手机阅卷、远程庭审、案件执行、消息中心、辅助工具等进行全面升级，真正做到为当事人提供无差别同质化服务。

六月

6 月 9 日　最高人民法院在四川成都召开全国法院（南片区）“总对

总”在线诉调对接推进会。四川、安徽、福建、江西、湖南、贵州6家高级人民法院在会上就在线诉调对接工作作经验交流，中国侨联、全国工商联、国家发改委、中国证监会4家单位代表分别介绍了本领域“总对总”在线诉调对接工作开展情况。会议要求，各级法院进一步增强自觉性和主动性，突出向网上延伸、外部延伸、基层延伸、重点领域延伸“四个延伸”，做到坚持先行先试与整体推进相结合、严格落实要求与加强培训指导相结合等“五个结合”，强力推动在线诉调对接工作走深走实、落地见效。

6月16日　最高人民法院印发《人民法院在线诉讼规则》，并于2021年8月1日起施行。《人民法院在线诉讼规则》是最高人民法院颁布的首部指导全国法院开展在线诉讼工作的司法解释，既是对司法实践经验的总结提炼，也是对未来在线诉讼活动的规范指引，首次确立在线诉讼的基本原则，明确电子化材料“视同原件”效力规则和审核规则，确定区块链存证的效力范围和审查标准，系统建立在线庭审规范，细化完善电子送达规则，构建了贯穿立案、调解、询问、证据交换、庭审、执行全流程的在线程序规则。

6月22日　最高人民法院党组书记、院长周强在最高人民法院执行指挥中心调研执行工作，研究部署推动执行工作高质量发展。周强强调，要深入贯彻习近平法治思想，推动执行工作高质量发展。要全面提高执行工作科学化、规范化水平，健全解决执行难长效机制，加强对非诉执行问题研究，不断完善司法政策。要加强执行信息化建设，推动执行工作与现代信息技术深度融合，深化区块链技术在执行工作中的全面运用。

七月

7月15日　人民法院历史上第一个国家级科技创新项目“多元智能化诉讼服务及审判执行关键技术研究”顺利通过专家绩效评价验收。专家组一致认为项目取得了包括开放环境多角色多方言庭审语音识别、音视频信息融合的庭审智能巡查、海量多元异构数据一体化汇聚和质量管控等一系列创新成果，全面支撑了“十三五”时期的智慧法院建设，取得了良好的推广应用效果，专家组现场评分93.71分，达到优秀水平。

7月21日　最高人民法院“一站式”国际商事纠纷多元化解决平台在国际商事法庭网站上线启动试运行，实现系统数据传输对接、机构网站相互链接，并为中外当事人提供立案、调解、证据交换、开庭等纠纷解决全流程线上办理。

7月31日　人民法院信息技术服务中心牵头完成的“全国智慧法院体系工程关键技术及重大应用”项目顺利通过专家鉴定，并于2022年1月荣获“2021年度中国电子学会科学技术奖科技进步一等奖”。

八月

8月24日　最高人民法院召开《建设智慧法院促进绿色发展成效分析报告》发布会。《报告》指出，智慧法院在促进司法为民、公正司法，取得显著社会效益的同时，也通过推行电子诉讼、开展基于电子卷宗的网上办案、推进执行案件跨部门协同办理等方式减轻当事人诉累、提高审判执行工作效率，促进“节能降碳，绿色发展”。《报告》从服务人民群众、服务审判执行、服务司法管理三个方面分析了智慧法院应用较传统线下方式对减少出行、降低能耗、减少碳排、节约纸张、节省成本等方面的成效。

8月26日　最高人民法院党组书记、院长周强在中国司法大数据研究院调研。周强强调，要坚持以习近平新时代中国特色社会主义思想为指导，深入贯彻习近平法治思想，贯彻落实新发展理念，坚持服务大局、守正创新，深入推进司法大数据研究和运用，积极推动智慧法院建设，不断提升司法能力和水平，促进人民法院工作高质量发展，服务国家治理体系和治理能力现代化。

十月

10月21日至27日　以“创新驱动发展迈向科技强国”为主题的国家“十三五”科技创新成就展在北京展览馆举行，重点展示我国深入实施创新驱动发展战略、建设创新型国家所取得的重大成果。最高人民法院与最高人民检察院、司法部科技创新成果组成智慧司法展厅。最高人民法院展出的智慧法院创新成果包括人民法院大数据管理和服务平台、司法公开、中国移动微法院、智能庭审、“法信”平台、一站式多元解纷和诉讼服务等。

十一月

11 月 13 日　最高人民法院印发《最高人民法院统一法律适用工作实施办法》。《实施办法》共 20 条，主要对办理案件中类案检索的情形、范围和参考标准、专业法官会议讨论案件的范围、具体法律适用问题解决机制和统一法律适用平台及其数据库建设等事项进行规定。《实施办法》提出，最高人民法院建立统一法律适用平台及其数据库。

11 月 18 日　最高人民法院网络安全和信息化领导小组召开 2021 年第二次全体会议，最高人民法院党组书记、院长、网络安全和信息化领导小组组长周强主持会议并讲话。会议强调，要紧紧抓住新一轮科技革命机遇，坚持创新引领，加强应用整合，持续推进司法数据中台、智慧法院大脑、在线法院建设，全面提升智慧法院建设水平，加快推进审判体系和审判能力现代化，为全面建设社会主义现代化国家提供有力的司法服务。

11 月 19 日　首届中国网络文明大会网络法治论坛在北京举行。本次论坛以“网络法治文明与个人信息保护”为主题，发布了《党的十九大以来网络法治典型案事例》，包括《法治社会建设实施纲要（2020—2025 年）》颁布实行，电子商务法、数据安全法、个人信息保护法出台实施等十件案事例。最高人民法院有关同志在主旨发言中介绍了智慧法院建设情况，特别是互联网法院、人民法院在线诉讼规则、人脸识别应用相关司法解释和具有广泛社会影响的互联网案件等情况。

11 月 25 日　由最高人民法院、最高人民检察院、科学技术部、司法部、中国科学院、中国工程院联合举办的“区块链在司法领域应用研讨会暨信息技术与法治建设科学与技术前沿论坛”在最高人民法院举行，专家学者围绕区块链等技术在司法领域应用问题进行了深入讨论。最高人民法院党组书记、院长周强出席论坛并致辞。周强表示，要坚持以习近平新时代中国特色社会主义思想为指导，深入贯彻习近平法治思想和习近平总书记关于网络强国的重要思想，认真贯彻落实党的十九届六中全会精神，全面深化智慧法院建设，促进信息技术与法治建设融合发展，推进法治中国和科技强国建设，为全面建设社会主义现代化国家作出新的更大贡献。

十二月

12 月 8 日　人民法院信息技术服务中心牵头承担的国家重点研发计划

“公共安全风险防控与应急技术装备”重点专项司法专题任务“司法区块链关键技术及典型应用示范研究”项目启动会暨实施方案论证会在北京举行。该项目由最高人民法院信息中心牵头申报，围绕亟待解决的司法领域区块链科技需求，着力从申报指南凝练出的 5 个课题研究方向，开展基础理论研究和关键技术攻关。

12 月 27 日　中央网络安全和信息化委员会印发《“十四五”国家信息化规划》，对我国“十四五”时期信息化发展作出安排部署。其中，“十四五”信息化发展指标中要求，电子诉讼占比 2025 年达到 30%。

12 月 30 日　《人民法院在线调解规则》发布。《规则》共 30 条，围绕便民利民、依法规范、提质增效、体系构建四个着力点，对在线调解适用范围、在线调解活动内涵、在线调解组织和人员、在线调解程序等作出规定，填补了在线调解程序空白，拓展了调解资源共享的广度深度，是首部指导全国法院开展在线调解工作的司法解释。

2022 年

一月

1 月 13 日　最高人民法院召开全国法院案例指导工作推进会，最高人民法院党组书记、院长周强出席会议并讲话。会议强调，要充分运用智慧法院建设成果，加快建设指导性案例信息化平台，进一步提升案例推荐、审查、检索、应用、评估等工作现代化水平。

1 月 16 日　最高人民法院召开全国高级法院院长会议。最高人民法院党组书记、院长周强出席会议并讲话。会议要求，要巩固提升智慧法院建设成果，创造更高水平的数字正义。要深化在线诉讼模式和规则创新、要拓展信息技术在司法领域的应用场景、要积极参与推动数字治理，为经济社会发展趋势分析、矛盾纠纷化解、经济风险预警等提供决策参考。

1 月 18 日　最高人民法院与人力资源社会保障部联合召开劳动人事争议“总对总”在线诉调对接工作部署会，对推动劳动人事争议在线多元解纷工作落实落地提出具体要求。

1 月 19 日　最高人民法院党组书记、院长周强在清华大学互联网司法研究院调研并座谈，并为清华大学互联网司法研究院揭牌。周强指出，最高人民法院将进一步加强与高等院校、科研院校的交流合作，加强人才联合培养，共同推进理论研究和技术创新，推动互联网司法、智慧法院建设和网络空间治理不断实现新发展。

1 月 26 日　最高人民法院发布《人民法院在线运行规则》。《人民法院在线运行规则》基于智慧法院建设应用成果，涵盖人民法院在线运行的基本原则、适用范围，确定人民法院用以支持在线司法活动的信息系统建设、应用、运行和管理要求，进一步指导和规范信息系统建设、完善应用方式、加强运行管理，支持和推进在线诉讼、在线调解等司法活动，完善人民法院在线运行机制，方便当事人及其他参与人在线参与诉讼、调解等活动，提升审判执行工作质效。

1 月 26 日　最高人民法院召开党组会议，听取 2021 年全国法院和最高人民法院审判执行工作运行态势分析报告，研究部署下一步工作。最高人民法院党组书记、院长周强主持会议并讲话。会议强调，要以司法数据中台、智慧法院大脑、在线法院建设为牵引，深化在线诉讼模式和规则创新，努力创造更高水平的数字正义。要推进电子卷宗随案同步生成和全流程无纸化网上办公办案，坚持科技驱动，促进审判质效不断提升。

1 月 30 日　最高人民法院发布《关于机关办公平台互联网手机 APP 上线试运行的通知》，且正式上线互联网移动办公 APP，为全院干警提供更加便捷的移动办公服务，提升干警通过信息化实现移动办公的获得感。

二月

2 月 22 日　全国法院一站式建设工作推进会以视频方式召开，最高人民法院党组书记、院长周强出席会议并讲话。会议要求，要做实多元增效工程，优化在线多元调解平台功能，全面激活“总对总”在线诉调对接资源库，加强诉前调解规范化建设。要做实智慧诉服工程，优化诉讼服务平台，扩大在线诉讼服务范围，拓宽送达平台、保全平台和委托鉴定平台应用广度和深度，全面应用网上申诉信访平台，加强涉诉信访信息化建设。

2 月 25 日　人民法院诉讼服务满意度评价系统正式上线。

三月

3 月 1 日　《人民法院在线运行规则》施行，最高人民法院同步将“中国移动微法院”转型升级为“人民法院在线服务”。“人民法院在线服务”充分继承中国移动微法院标准版的主要功能，统一业务流程和技术标准，强化安全管理，集成整合调解、立案、阅卷、送达、保全、鉴定等全国通用诉讼服务功能和地方法院特色服务功能。“人民法院在线服务”作为全国法院通过互联网面向人民群众提供在线服务的统一入口，支持人民群众集中查询、办理全国法院的诉讼和调解等事项，实现人民法院在线服务“一网通办、一站全办”，引领诉讼活动跨区域、跨层级联动办理新格局。

3月8日　第十三届全国人民代表大会第五次会议在人民大会堂举行第二次全体会议，最高人民法院院长周强作最高人民法院工作报告。报告指出，人民法院深入推进司法体制改革和智慧法院建设，完善互联网司法模式，在全球率先出台法院在线诉讼、在线调解、在线运行三大规则，我国互联网司法从技术领先迈向规则引领，为世界互联网法治发展贡献中国方案。

3月31日　最高人民法院司法改革领导小组2022年第一次会议召开。最高人民法院党组书记、院长、司法改革领导小组组长周强主持会议并讲话。会议强调，要认真落实司法改革工作要点及分工方案要求，持续深化诉讼制度改革，统筹推进互联网司法和智慧法院建设，确保不折不扣完成各项改革任务。

四月

4月13日　最高人民法院印发《关于加强新时代人民法院涉诉信访工作意见》。《意见》规定，将信息化、智能化作为新时代涉诉信访工作的重要支撑，优化四级法院涉诉信访工作平台，以“网络通”“数据通”“业务通”为标准，做到涉诉信访全流程、全业务的网上办理，推动涉诉信访工作模式创新和高质量发展。

4月20日　最高人民法院网络安全和信息化领导小组召开2022年第一次全体会议，最高人民法院党组书记、院长、网络安全和信息化领导小组组长周强主持会议并讲话。会议强调，要坚持问题和需求导向，全面深化智慧法院建设，推进审判体系和审判能力现代化，推动司法数字化、智能化，更好服务审判执行、服务人民群众、服务经济社会发展。特别指出，要着力提升智慧法院大脑的基础、应用、智能服务能力，加强在审判执行、诉讼服务等领域创新应用场景建设，为群众诉讼和法官办案提供更加智能化、一体化、协同化的智慧服务。要进一步提高数据主动推荐服务和深度挖掘应用能力，加强司法大数据分析，为党和政府决策提供高质量、有价值的参考，有力促进社会治理，服务党和国家工作大局。

4月22日　为迎接党的二十大胜利召开，中共中央宣传部举行首场“中国这十年”系列主题新闻发布会，介绍党的十八大以来政法改革举措与成效。发布会提到，中国法院紧跟互联网时代发展的步伐，将现代科技手段和司法活动深度融合，立案、缴费、开庭、调查、送达以及各类诉讼服务都可以在网上进行，为网络时代的司法模式探索出了一条新的路子，为世界贡献了中国智慧和中国方案。

4月25日 中国海事审判网正式上线。中国海事审判网覆盖全国11家海事法院及其上诉审高级人民法院和最高人民法院的海事审判业务，面向海事法官提供辅助办案智慧支撑，面向中外当事人提供网上立案、线上庭审、云端执行等在线诉讼服务，面向社会公众和专家学者发布权威海事司法信息，是中国海事审判信息化建设的最新成果和向国际社会展示中国海事司法的重要窗口。

4月29日 最高人民法院印发《人民法院数据安全管理办法》。《办法》指出数据分级分类原则，明确各级法院职责，确定数据分类维度，提出数据全生命周期安全管理要求和数据安全保障要求。

五月

5月23日 最高人民法院印发《最高人民法院关于加强区块链司法应用的意见》，明确人民法院加强区块链司法应用总体要求及人民法院区块链平台建设要求，提出区块链技术在提升司法公信力、提高司法效率、增强司法协同能力、服务经济社会治理等四个方面典型场景应用方向。这是人民法院深入贯彻习近平法治思想、落实习近平总书记关于推动区块链技术创新发展重要指示精神的具体举措，进一步推进人民法院运用以区块链为代表的关键技术加速人民法院数字化变革、创造更高水平数字正义，促进法治与科技深度融合发展、推动智慧法治建设迈向更高层次。

5 月 26 日　由中国最高人民法院主办、浙江省高级人民法院承办的数字经济法治论坛开幕。论坛主题为“以法治创新推动数字经济规范发展”，与会各方围绕“数字技术在司法领域应用与规制”“数字经济法律问题的司法回应”“数字时代下诉讼模式的创新与变革”等议题开展深入研讨。中华人民共和国首席大法官、最高人民法院院长周强出席开幕式并致辞。周强指出，中国法院积极回应数字经济发展需求，构建数字时代司法新模式，推动司法审判实现质量变革、效率变革、动力变革，促进审判体系和审判能力现代化。周强表示，中国法院将认真贯彻落实习近平主席重要指示精神，深入贯彻习近平外交思想和习近平法治思想，持续深化数字法治国际交流合作，积极分享推进数字法治建设、网络空间治理、信息技术司法应用、诉讼模式创新等方面经验。

六月

6 月 14 日　中国社会科学院法学研究所、社会科学文献出版社联合举办的 2022 年《法治蓝皮书·中国法院信息化发展报告》发布暨中国法院信息化研讨会在北京举行。蓝皮书指出，全国各级人民法院切实抓好“十四五”规划开局之年信息化建设的各项任务，优化智慧服务、智慧审判、智慧执行、智慧管理等信息系统，扎实推进司法数据中台和智慧法院大脑建设，推进人民法院在线运行，构建了中国特色、世界领先的互联网司法模式，为实现审判体系和审判能力现代化提供坚强的科技支撑，为推进国家治理体系和治理能力建设、全面建设社会主义现代化国家开局起步作出新的贡献，获得并保持世界领先地位。

6月15日　最高人民法院印发《关于推进人民法院执行案件流程信息管理系统智能化升级及电子卷宗深度应用工作的通知》，要求以执行案件流程信息管理系统智能化升级为基础，实现执行案件电子卷宗随案同步生成和深度应用，全面提升执行办案智能化能力和水平。

七月

7月6日　《人民日报》刊发中共最高人民法院党组文章《在习近平法治思想指引下阔步向前》。文章指出，近些年智慧法院建设迭代升级。人民法院充分运用现代科技，把智慧法院建设作为推进审判体系和审判能力现代化的双轮驱动之一，坚持用科技手段赋能司法、保障权益、维护公正。人民法院在线诉讼、在线调解、在线运行三大规则和加强区块链司法应用意见相继出台，中国互联网司法从技术领先逐步迈向规则领先，为全球互联网法治发展提供了中国方案，努力为人民群众创造更高水平数字正义。

7月8日　最高人民法院召开人民法院司法改革工作会议。最高人民法院党组书记、院长周强出席会议并讲话。会议指出，党的十八大以来，法院工作很多领域实现历史性变革、系统性重塑、整体性重构。其中包括，推进智慧法院建设，形成了中国特色、世界领先的互联网司法模式。会议强调，要发挥科技驱动作用，深化在线诉讼模式和规则创新，深化智慧法院建设应用，强化司法服务数字治理作用，推动人民法院工作更好适应数字时代需求。

7月20日　第3届中国—东盟大法官论坛以线上线下相结合的方式在广西南宁举行，中华人民共和国首席大法官、最高人民法院院长周强出席并作主旨发言。周强指出，中国法院在全球率先出台人民法院在线诉讼、在线调解、在线运行“三大规则”，发布加强区块链司法应用意见，推动互联网法院建设，支持引导数字经济规范健康发展。周强表示，希望与会各方秉持和平合作、开放包容、互学互鉴、互利共赢的丝路精神，全面深化司法交流合作，为共建21世纪海上丝绸之路、共创更加繁荣美好的地区和世界提供有力司法服务。

7月29日　最高人民法院举行人民法院立案登记制改革成效新闻发布会，介绍党的十八大以来人民法院立案登记制改革成效并回答记者提问。发布会指出，四级法院100%应用“人民法院在线服务”小程序，手机“掌上立案”实现四级法院全覆盖、主要案件类型全覆盖。依托最高人民法、高级人民法院、中级人民法院、基层人民法院及 1 万多家人民法庭连接起来的一张“立案协作网”，为群众提供“异地受理、无差别办理”的立案服务，跨域立案服务四级法院全覆盖。跨境网上立案系统为外国人、港澳台同胞、华人华侨跨境诉讼提供不用跑的立案服务。

八月

8 月 1 日　中国司法大数据研究院发布《涉信息网络犯罪特点和趋势（2017.1—2021.12）》司法大数据专题报告，对近五年全国法院涉信息网络犯罪案件的趋势以及网络诈骗、网络赌博等案件特征进行深入分析，将对相关部门加强犯罪治理等发挥积极作用。

8 月 15 日　科学技术部发布《关于支持建设新一代人工智能示范应用场景的通知》，公布首批十个人工智能示范应用场景。其中，智慧法院应用场景针对诉讼服务、审判执行、司法管理等法院业务领域，运用非结构化文本语义理解、裁判说理分析推理、风险智能识别等关键技术，加强庭审笔录自动生成、类案智能推送、全案由智能量裁辅助、裁判文书全自动生成、案件卷宗自适应巡查、自动化审判质效评价与监督等智能化场景的应用示范，有效化解案多人少矛盾，促进审判体系和审判能力现代化。

8 月 23 日　最高人民法院举行推进构建中国特色“总对总”在线多元

解纷新格局工作座谈会，最高人民法院党组书记、院长周强出席会议并讲话。会议强调，要坚持以人民为中心，健全诉讼服务大厅、在线服务平台、12368 诉讼服务热线和巡回审判等立体化诉讼服务渠道，坚持共建共治共享，在线链接其他多元化解平台，畅通一站式多元纠纷解决供给链。要坚持制度变革与科技变革双轮驱动，推进司法改革成果有效衔接，与智慧法院建设深度融合，推动多元纠纷解决机制迈向更高水平。

8 月 29 日　2022 年中国网络文明大会网络法治建设论坛在天津举行。与会各方围绕全域数字法院改革、智慧法院建设发展、数字治理与网络文明等网络法治前沿理论和实践热点问题开展深入研讨。最高人民法院党组书记、院长周强以视频方式致辞。周强表示，人民法院坚持探索创新，成立互联网法院，深化大数据、云计算、区块链、人工智能等技术应用，出台人民法院在线诉讼、在线调解、在线运行三大规则和加强区块链司法应用意见，在世界范围内率先构建起互联网司法规则体系，建成全业务网上办理、全流程依法公开、全方位智能服务的智慧法院。

九月

9 月 22 日　最高人民法院以视频方式召开全国法院调研工作会议。最高人民法院党组书记、院长周强出席会议并讲话。会议指出，智慧法院建设为人民法院调研工作提供了有力技术支撑。会议强调，要坚持调研工作与信息化深度融合，不断健全完善人民法院大调研工作格局。要搭建全国法院调研成果共享平台，加强成果转化预期评估和规划，拓宽成果转化形式和渠道。要大力推进智慧调研建设，探索建立全国统一的调研工作信息化管理平台，加快建设法院数字图书馆、档案馆，健全司法大数据归集共享机制，深化区块链、云计算、人工智能等技术在调研工作中的运用。

十月

10 月 13 日　最高人民法院举行新闻发布会，介绍人民法院智慧法院建设工作成效。

十一月

11 月 4 日　最高人民法院网络安全和信息化领导小组召开 2022 年第二次全体会议，最高人民法院党组书记、院长、网络安全和信息化领导小组组长周强主持会议并讲话。会议强调，要深入贯彻习近平法治思想，全面深化智慧法院建设，加快完善中国特色互联网司法模式，更好服务以中国式现代化全面推进中华民族伟大复兴。要把加强网络安全、数据安全和个人信息保护作为智慧法院建设的重要任务，不断提升网络和数据安全保护能力。要不断完善人民法院信息化 4.0 版，全面实现“智能化、协同化、泛在化”，着力破解智慧法院关键技术难题。要推进司法人工智能、区块链等技术应用，依托科研院所、企业与社会力量，推进人工智能与人民法院核心业务深度融合，建设具有规则引领和应用示范效应的司法人工智能理论和技术应用体系。

11 月 5 日　中华人民共和国首席大法官、最高人民法院院长周强以视频方式出席东盟首席法官理事会东盟 + 成立大会，并围绕“法院技术与司法便民举措：挑战与经验”议题作专题发言。周强表示，中国法院建成一站式多元纠纷解决和诉讼服务体系，推进审判执行智能化，全面推广法院在线服务，提供多渠道便民利民措施，深化司法大数据分析利用，让公平正义更快更好实现。推动构建互联网司法新模式，积极为信息时代的诉讼制度机制变革贡献中国智慧。

11 月 16 日　中华人民共和国首席大法官、最高人民法院院长周强以视频方式出席第十八届亚太地区首席大法官会议，主持“当代案件管理”议题讨论环节，并围绕“通过科技与创新提高司法服务水平”作专题发言。周强表示，中国法院希望同与会各方共同推进现代科技与法院工作深度融合，积极构建信息时代司法工作新模式，全面推进审判体系和审判能力现代化。

11 月 30 日　全国法院第八次网络安全和信息化工作会议暨互联网司法工作推进会以视频方式举行。最高人民法院党组书记、院长周强出席会议并讲话。会议强调，要深入推进智慧法院建设和互联网司法工作，更好促进审判体系和审判能力现代化，为中国式现代化提供有力司法服务。

十二月

12月8日　最高人民法院印发《关于规范和加强人工智能司法应用的意见》。《意见》从人工智能为司法工作提供全方位智能辅助支持、显著减轻法官事务性工作负担、有效保障廉洁司法、提高司法管理水平、创新服务社会治理等角度，明确了人工智能司法应用的主要场景。要求加强人工智能应用顶层设计、加强司法数据中台和智慧法院大脑建设、加强司法人工智能应用系统建设等，为司法人工智能系统建设提供牵引和支撑。

12月12日　最高人民法院发布中英文双语《中国海事审判（2018—2021）》，全面总结四年来全国海事审判三级法院工作成效。报告指出，全国海事审判三级法院通过强化现代科技支撑，提升海事审判信息化水平，最高人民法院建设全新的中国海事审判网，各海事法院积极开发各具特色的审判辅助工具，海事审判信息化、数字化、智能化建设全面推进。

12月13日　《人民日报》发表文章《全国智慧法院信息系统建成》。文章指出，近年来，人民法院将司法工作与现代科技深度融合，建成支持全国四级法院“全业务网上办理、全流程依法公开、全方位智能服务”的智慧法院信息系统，创新纠纷解决和诉讼服务模式，促进审判执行工作高质量发展，构建互联网司法新模式，有力推进审判体系和审判能力现代化。人民法院依托信息技术，积极稳妥推广在线审理机制，有效实现司法数据电子化、诉讼活动网络化、司法裁判初步智能化。